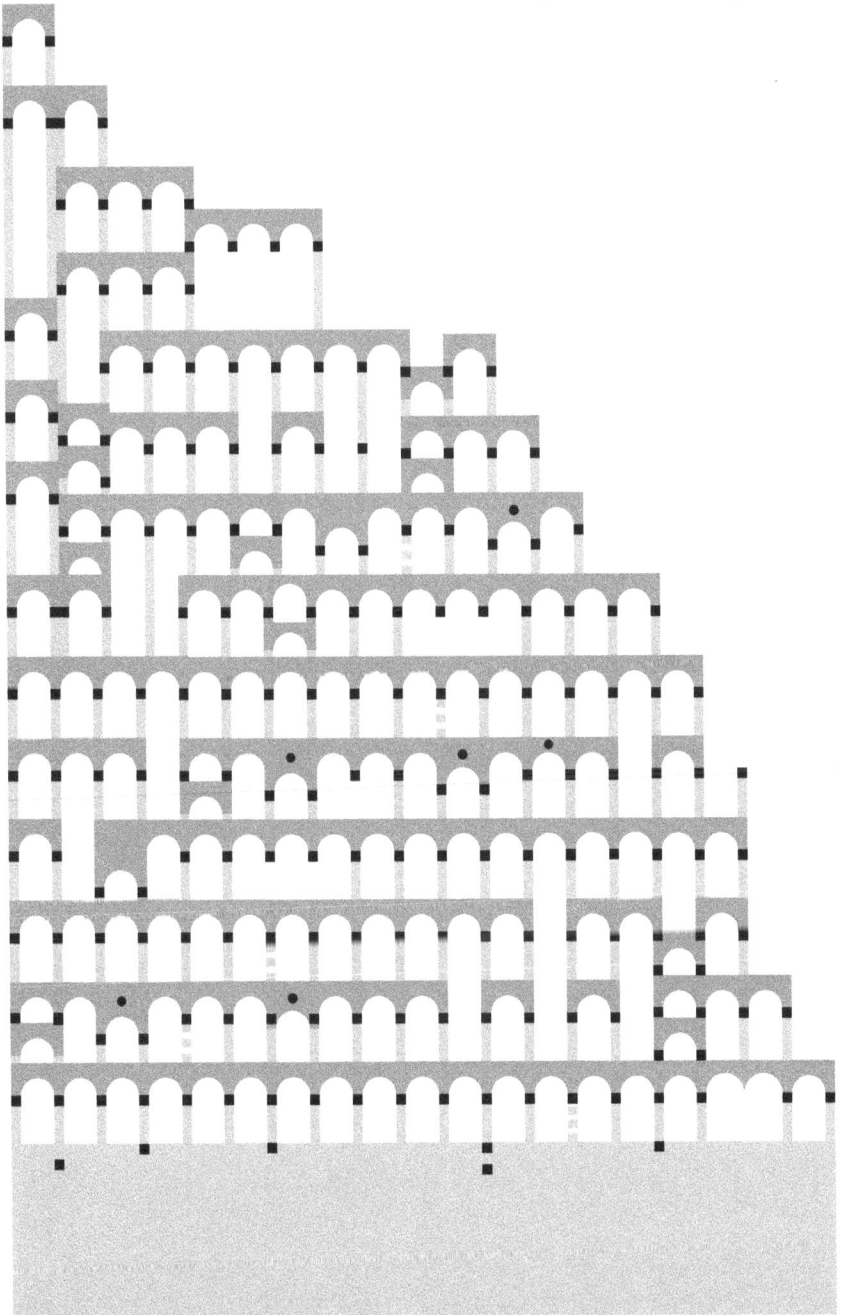

■ ■ ■

BYE BYE BABEL

Patrícia Lavelle

—

ENGLISH

SPANISH

PORTUGUESE

Translated from Portuguese to Spanish by Jesús Montoya
Translated from Spanish to English by Arthur Malcolm Dixon
Epilogue by Susana Scramim

𝒜
'*Alliter*atïon

BYE BYE BABEL | PATRÍCIA LAVELLE
Translated from Portuguese to Spanish by Jesús Montoya
Translated from Spanish to English by Arthur Malcolm Dixon
First edition in Spanish and English in December 2025

© Text and Foreword by Patrícia Lavelle
© Epilogue by Susana Scramim
© Alliteratïon Publishing, 2025

www.thealliteration.us

Design by Elena Roosen
Cover by Andrea Martínez
Proofreading by Tess Rankin, Félix García & Raul Dos Santos
Editorial Coordination by Amayra Velón

ISBN: 979-8-9932429-4-1

■■■

BYE BYE BABEL

Patrícia Lavelle

—

ENGLISH

NAVELLESS

Last night I dreamed I had given birth to a navelless baby. In labor with none of the labor that labor implies, I awoke to the echo of the doctor's words as he gave me this strange news. Despite missing an umbilical cord, he claimed the child was fine, in good health, and very beautiful. Nonetheless, I was unsettled, and eager to embrace and lull to sleep the child I had not nourished with my own blood. This dream troubled me a great deal until I recognized, in the obstetrician's face, the features of a well-known translator of many languages into Portuguese.

"Ah-ha!" my therapist would say.

"Yes, I think I can translate this dream's message for myself."

Bye bye Babel had a long and laborious birth. There were three editions in two languages: my maternal Brazilian Portuguese and my French, belatedly maternized after many years of living and writing translingually as an immigrant in France.

Bye bye Babel now comes into the world with no umbilical cord in two languages I read and understand but do not write. And what languages they are! Spanish and English, which take up half the world and make of my two writing languages minor, minority tongues.

5

I must, therefore, recount the story of this unfinished construction, which was double from its inception and now surpasses me in its multiplicity.

Babel. The name evokes the oft-cited and reclaimed Biblical tale, which I should like to tell once more. In it, a community means to erect a city with a tower that touches the sky, thus making a name for itself that will wipe away all otherness, even that of divinity. This endeavor, resting on the hope of a unique, unifying form of speech, depicts the desire for a supreme tongue, a pure language, perfectly transparent, to stand up to de facto linguistic plurality and the relative opacity of every tongue's insides. Babel, which exemplifies the desire for a unique language, thus also depicts the linguistic confusion that results from its inevitable failure.

The desire for unity in the midst of de facto plurality, Babel is not a concept I could define, nor is it precisely a metaphor. It is rather a motif or a theme that awakened and permeates this set of poems. Perhaps it is also an allegory: it designates something and its opposite, and something else, and another thing, and another. That is why I cannot define Babel: How to translate it, then, if not by telling the story? And recounting not just one story, but two.

Translating Babel also means saying goodbye to two cities, to two languages, to any semblance of monolingualism. Out of all the various farewells that have marked and still mark my passage through life, *Bye bye Babel* emerged little by little, starting in 2014. First published in 2018, the book was rereleased in 2021 with a few more poems and was then rewritten in French and published in France in 2023. During this latter period of inverted translation, which took place over the years of the pandemic, when I was living once again in Paris, a series of new poems emerged: translations without originals, written directly in this language I learned in my young adulthood, starting at the age of twenty, and which I adopted as a full-fledged adult during my previous long stay as an immigrant from 1999 to 2014.

This double farewell also contains a story in which the practice of and reflection on translation play an important role. Around the year 2010, when I was still living in Paris, I realized to my horror that I had not written a single text in Portuguese for the past ten years, despite having published a rather voluminous book: my doctoral thesis in philosophy, which I had defended two years before at the École des Hautes Études en Sciences Sociales.[1] So, at the behest of a Brazilian colleague, I translated an article into Portuguese. From then on, I started translating myself, rewriting the academic articles I had first produced in French.

At first, this was anything but easy. Words were missing; missing, above all, were forms of connection, syntactic articulations. But I was not bilingual from childhood; French is a language I learned in my youth, and it only became my writing language when another language, even more foreign and later in arrival, came to constitute this babel: German, which I had to learn in French. On this knot, which is also a scar and a translation for Babel, I wrote the poem "Foreign Word."

French is an atonic language. Its phrases acquire tone only from the pauses between them, with a slightly rising motion just before the stop, but its words have no marked accented syllables. In this sense, the French language is more distant from Portuguese than it is from German (or English); its monotony altered and still alters my gestures, my body's posture, and my tone of voice. The poems "Mother Tongue" and "Translated" evoke this bodily experience, which others have also described with regard to this and other acquired languages.

I also wrote poems as a child, but setting out to write mature poetry was a result of processes of self-translation. This poetic project emerged from my estrangement from my mother tongue and, without a doubt, from my homesickness for its rhythm.

---

[1] *Religion et histoire: sur le concept d'expérience chez Walter Benjamin* (Paris: Cerf ["Passages"], 2008).

And it brought with it an intimacy with the materiality of Brazilian Portuguese, with the affective tonalities of its rhythmic heritage, of which I was then unaware. This project entailed studying the archives of metered poetry in Brazilian Portuguese, its traditional forms of versification, in which affects gather like sediment. Through poetic writing, I set about developing a sensitive, sensual consciousness of linguistic materials. This experience corresponds, then, to an eroticization of language that wears the guise of the Eros of translation.

Doubly translated—into Spanish by Jesús Montoya and into English by Arthur Malcolm Dixon—this Babel grows and multiplies into other rhythms and affects. The tower is rebuilt (and dislocated) here from the foundations of the second Brazilian edition. Like an ark, which is also a vessel, it bears other bonds between languages I now have the pleasure of encountering (and discovering) as I read.

Translated from Portuguese to Spanish by Jesús Montoya
Translated from Spanish to English by Arthur Malcolm Dixon

...

BYE BYE BABEL

Patrícia Lavelle

—

To
Marc

Although we had purposed to build for ourselves a tower which should reach to Heaven, the supply of materials sufficed merely for a habitation, which was spacious enough for all terrestrial purposes, and high enough to enable us to survey the level plain of experience, but [...] the bold undertaking designed necessarily failed for want of materials—not to mention the confusion of tongues, which gave rise to endless disputes among the labourers on the plan of the edifice, and at last scattered them over all the world, each to erect a separate building for himself, according to his own plans and his own inclinations.

Kant, *The Critique of Pure Reason*
Translated by J. M. D. Meiklejohn

RUINS

EPIC *IN NUCE*

Whether Nereid or Nixie
Silent Siren or Beatrice,
longing only in one word
of lonely verse,
      Scheherazade.

LYRICAL SPECTRUM

Seeking word to call the color of that moment
when love was eternal and, exhausted,
death
called for a truce. Seeking such

a word to wipe away the remnants
of when lovers' bodies
arch as rainbows over clock hands' quotient
and make distant close.

Seeking a word resembling cloud:
that's bird, idea, and centaur
that's unique and multiple, in sway.

I seek, in syntax, your opposing face,
and finally in black and white (not quite) to reconstruct
the sonnet's spectrum's colorful array.

BABEL'S ARK

Once upon a time there were two stories:
the city under construction
was this vessel cut adrift.

In it, tongues bundled,
fertile hybrid pairs
grew up and multiplied.

An encompassing, many arks:
this city cut adrift
is hubbub and translation.

TWO SOURCES

for Josely Vianna Baptista

A song tells us in Mbyá Guaraní
in the divine beginning of all things
the future sources of speech and of feeling
sprung up side by side

In these blended waters
must have flowed words
ever into many rivers

In each riverbed
is now a stream
still forming and transforming

In this course's currents
you and I
they them or we
think
and say
what we think
—improvising
in this rhythm
ways of saying

thinking
and feeling

The fluid tongues, being multiple
in torrents
fork and stem
to all, the absolute.

Besides the one
you know
and think unique

in this vast land
are varied voices:

one hundred fifty-four

Tupí, Macro-Jê, Karib, and Pano
are grand linguistic families

Kanoê, Tikuna, and Máku, unique tongues
resembling none other

One hundred fifty-four languages live on,
but once the ones who dwelt here spoke almost a thousand
different ways
before Portuguese invented Brazil

UTOPIA OF MUD

"Water, sand
sand and dirt
mud and keel
keel-clay."

The kids on the bank,
at the bank of a river,
were playing in the mud.

"Clay in bricks
bricks in stacks.
Little boys stack
towers on towers.
Little girls stack
voices on voices."

No blueprint or plan
stacked, they build
"a great big tower!"
And building, sigh:
"Just one for all!"
"Just one up to the sky!"

That was childhood
of yearning reason:
in their hands, clay
in their voice, Babel.

THE TOWER

While its foundations
may be somewhat untrue,
with conceptual geometry
and systematic mortar
the tower is well built:
brick on brick,
its blueprint rational.
But when the word seeks
to touch heaven,
materials
grow scarce.
On high the demonstrative
density
of concrete
weak.
The fundamental words converge in clouds;
in metaphoric mist diverge
ideal construction plans:
tongues metaphysical are scattered.
Here light
is stone
and
truth
purer,
for at this summit's end
lies the base that was missing:
poetry, the hardest stone.

HEIMAT

lovely abolibi
nanani nanã
balbô olodum capibaribe
ser tupã tupi
haiku ciao

I stammer
word's
covetousness
and *hybris*:
Babel.

And yet I return to the motherland,
to the beloved,
to the idolized,
soil and blood of pure language:
first and unique, that was all mine,
and wanted to be the whole world's.

But on this sea voyage
I shipwreck amid many Ithacas
far from any Pasargadae
on a long Sintra road.

POETICS IN SCRAPS

I write with ruins and remains
(and even still this first person is not
so singular).

I collect ancient metaphors,
make mythological micrologies,
recycle used toponymies,
and speak of this to say that
and say that to speak of this.

Thus I go from one thing-thing
to another thing and another
more rarefied and always double
that stares back at me
when I watch it.

I have shipwrecked many times
and now I have embarked again.

Making others' verses mine
making my verses others'
I collect flotsam
from countless other shipwrecks.

HYBRID WORD

As aves que aqui gorjeiam
não gorjeiam como lá…
GONÇALVES DIAS, FROM "Canção do Exílio"

"As aves que aqui gorjeiam
não gorjeiam como lá".

"Las aves que aquí gorjean
no gorjean como allá".

"The birds that sing here
do not sing like they do there."

Heimat is that there
exiled
in any
here.

MOTHER TONGUE

for Gabriel

Listen, my son, there was a time
when language was a single
melody
in ingenuous quatrains
rhymes tiny
and natural
like baby birds in cans
of powdered milk

Language, pure as water
in maternized milk,
was
one
single
boundless childhood

But in the living milk of my breast
enriched
with varied nutrients
that rhythm
was already intermingled
with another, slower, longer, whispered
monotony, in twelve doses, all alike

That is why the taste of your tongue
was always double,
your first letters *maternelles*,
but this multiple birth is your childhood.

SEA LIONESS

Entre les vagues, il vogue:
comes, goes, flies
plunges and floats.

Hybrid creature,
beast-fish, siren-mother
chimera.

So self-contradictory
twixt land and sea
hybrid word.

HYBRIS

Postulate and its opposite:
hybrid purity
meter and amorphous
excess and *assez*.

All this and rhythm
yet *et encore*.

MATRIOSCHKA

for my mother

I have so many starts, no end;
diverse within, I contain one o
pen that opens on another that o
pens: then two, one more and

inside, entrail after entrail
the secluded complete nucleus

vanished

DANS LA LANGUE À TOI
(VARIAÇÕES - REVERSIONES - APPROPRIATIONS)[2]

1.

J'écris
avec peu
dans ta langue
je suis
très peu

Escrevo
com pouco
na língua
sou sempre
bem pouco

(e a língua
nem sempre
é minha)

Poco, casi
nada en la lengua
escribo
diría

respondo a la avería
una variación

---

[2]   This poem was initially written and rewritten by the author in French and
Portuguese, in a process of variation that serves as the basis for its recreations
in Spanish and English. This invitation to variation through translation re-
mains open and could come to include other languages.

esta lengua,
como dice Leminski,
no es la mía

and answering an answer
is the surest path
to variable breakdown

an uncertain tongue
(sometimes) responds
saying nothing at all
from almost nowhere

2.

Ici
s'inscrit
la pensée
d'un là-bas

Aqui se inscreve
um pensar
em lá

Allá se llama
la frontera
que atraviesa
el pensamiento
lingual

There is tongues
tripped over
crossing signs
of thought

3.

J'écris
je m'inscris
ici là
dans la langue
à toi — à
toi, je dis
et j'attends
maintenant
dérivant
entre les rives
des rimes

Escrevo
me inscrevo
aqui lá
na língua
também
tua —
tua, digo
e agora
espero

é a hora
da rima

Reescribo
traduzco desde allá
por aquí se oye
la llama de esa,
tu lengua en llamas

pasadizos
de la arritmia

entrecortado
presente
y
porvenir

faltering
flame kindled
out of driftwood
just in time

rewritten
tongue, a passage
narrowing, a guiding
light,
a rhyme

4.

On se noie
dans ta langue
facile à dire
facile (à vrai dire)
ta langue
se plie à la rime
mais elle se moque
du chant

Babélicas
las tablas
del maderamen
en partida

ningún barco
lleva un destino

ni tan siquiera
un decir

merely an inappropriate
appropriation of
splintered materials

tongue hesitantly
pierced by the above
as fragments topple
from the topmast

singing as we sink

5.

J'écris
je m'inscris
à toi dans la
houle
dans le
vague
de ta langue

Me inscrevo
e traduzo
nas
vagas
da minha
língua
di
vago
e a faço

afago,
tua

Me apropio
y traduzco
las úvulas
las papilas
las esdrújulas
di
vago
y viajo
y hago
rehago
gagueo
tu língua
aquí

tsunamic
organ, place
a dose
of proparoxytone
under my tongue
to quell the swell

I wonder
I wander
I translate
and traduce
I travel
and I trip
on taste buds
face-first
into you

FOREIGN WORD

Between words and things,
there is always a distance:
in the word, the thing is not itself,
in the thing, the word is not.
But that sonorous thing,
which the word also is,
is something like a ruse
with which to take control of something else.

Imprisoned in the foreign word,
a thing is even less itself
but something other
than my own silence.

But the foreign word
I learned so late
in some preceding foreign word
turns into something even more distinct,
grabs hold of me
right off the bat.

Something you learn with time,
every word is a ruse
where I, she, or it
(the thinking thing = X)
when captured, is captured:
each word is foreign.

THE TRANSLATOR

The body writhes
an unmelodic
move
insinuates rhythms
in an arrhythmic twist
of lips

Between two plots
(phonemes
words
syntagmas
syntax
senses
twixt parentheses)

a hiatus:
caesura the—semantics
pause

I jump

TRANSLATION

Net pregnant with fishes
brings along the sea
half living and half dead.

Multiple tongues
between scales and ridges
converse in silence.

TRANSLATED

The translator's tongue invades my mouth
and smooths lubric the muscular plastic
of its slight vowels
and that lightly ascending line
of all its phrases
penetrates
my syllables' rhythmic elasticity
in redoubled silence
I rejoice in
the echo in that other voice
langueur monotone
within.

EROS & LOGOS

DIALOGUE

I felt your gaze harden
on my words:
immediate tumescence
that dark
crack
between body and discourse.

TREE (I)

Suddenly that autumn it was spring
a single moment between said and done.

Your word came into me
as if a poem:
translation of no place
or of some common place
cliché on your far-off tongue?

C'était trop tôt, c'était trop tard.
Era demasiado pronto era demasiado tarde.
Es war zu früh aber schon zu spät.

Between tongues, all foreign,
the unsaid formed the tree.

Hamadryad or satyr?
Adam and Eve?
Forbidden fruit?
Vision of paradise?
Pau-Brasil?

Your tree, in the photograph
came with an explanation:

Rio :-)

The unwitting verb smiled
ironic in the name

And slowly it was winter summer never having come.

NAME

Your name is where the Seine flows into Guanabara Bay:
the most perfect soap bubble,
a trap to capture time.

Precious liquid,
your nobleman's name
is lake and white water.

Current and dam,
it tells the tale of victory
of that moment
that settles in
right here, right now
when it comes time to love.

In this bed lies in wait a thread of water
between streaks of rust and reminiscences
the crystalline eternity of pleasure.

But your magic circle
which my body spans
is the cabin and castle
in which *kairos* defeats Cronos.

THE FLOWERING TONGUE

Última flor do Lácio, inculta e bela,
És, a um tempo, esplendor e sepultura:
Ouro nativo, que na ganga impura
A bruta mina entre os cascalhos vela…
OLAVO BILAC, FROM "Língua portuguesa"

In the still-virgin rose of language
runs, liquid, twixt teeth and fingers
the now-whilom of a word:
the word that is not said.

First flower, lewd, uncultured, beautiful!

You are the obscene origin
of song, false Ulysses, swimming-pool castaway, who listens
and indifferent to the nascent outline of the poem
returns
hard in me.

Brute flower of language, barbarous and ours!

Origin and twilight, the occasion
and the dumb luck
of the poem.

ALLEGORY (I)

It's called "Desdemona's handkerchief"
and is undoubtedly quite primitive:
mere outline, almost colorless,
iridescent, flexible membrane,
tenuous border between inert water
and some rotation of pain and pleasure.

But its innocence's touch
causes, they say,
sores inexplicable as Job's.

Undeserved punishment of the just,
the anemone burns:
Carmen's mouth, Medusa's eye.

And in its passage to another gender:
metaphor in metamorphosis
from my shifting desire
into your aching heat.

ALLEGORY (II)

According to the *Encyclopedia Britannica*, sea anemones resemble flowers, but are really animals. Their "petals" are like arms, called tentacles. These tentacles surround the mouth. Its body is soft, and can be squat and thick or long and slender; most of it is made of water. Sea anemones are related to jellyfish. Like jellyfish, they too secrete a substance on the skin of those who touch them. This can then cause pain or discomfort.

CANTIGA DE AMIGA (GIRLFRIEND SONG)

No, my love, there is no
drop of blood in every poem
through the poet's veins flows a blue fluid
from the nib.

No, my love, there is no
drop of sperm in every poem
the poet's pleasure, pure and liquid,
is black ink.

No, my love, there is no
drop of ink in every poem,
from the poet's pen there trickles, colorless,
a thought:

this one
right here.

VERB TENSES

KAIROS

when your breath settles

into the moment

dilation of that moment

into the when

time   in   a   soap bubble

CRONOS

The hours that devour you from the mirror
                    file by threading a fine and unending thread
in the warp of your face's fabric they capture
                         the enigma of the living circling the eye

ITHACA

From hand to hand
I wove and I unweave
the shroud
of our plot.

From word to word
I traced and I translate
to babel
in our tongue.

From body to body
I come back to
your face
not coming back.

CALYPSO

When he shipwrecked here
archaic hangovers
surging
in a present of sea-foams
towed
remembrances of what was not.

They heralded that other past
intact
in the glass flask
that long ago was broken.

So he had to go straight home.
He could not stay in that future
now so much more than preterite.

A DREAM

A vast and verdant field, a sight
of many butterflies
on catching them I see
awake
that they were soap bubbles
and they were bursting in the air.

A MEMORY

Frozen breath
inside a crystal bubble:

it was glass
and never broke
it was sweet
and never ended
it was rose
and never withered.

CHRISTMAS

Every year
one or two ornaments
end up in pieces
round the lit-up tree.
Sacrifice offered
to the ongoing passage of years
and to the life in movements
of a child.

This year none will be broken.
They will stay shut up in boxes
lost in a dark basement
in amongst so many houses
that did not belong to me.

The forgotten crystallizes
round the hanging pieces
forming a strange gourd-shaped
cup transparent and bitter
from which I swallow
in one gulp
all my lost years.

NEW YEAR

Vast horizon of a coastline
Nordic and inhospitable.

Murmur of waves in the photograph
And glowing germination.

"Look, son, let's throw flowers into the sea."

LINGER

Além, muito além daquela serra, que ainda azula no horizonte,
nasceu Iracema.
Iracema, a virgem dos lábios de mel, que tinha os cabelos mais
negros que a asa da graúna...
José de Alencar, from *Iracema*

There was once an evening.

(This was a long, long time ago,
back in the unhappy year 2013,
this was in August, month of discontent.)

There, in the distance,
there where city stains horizon blue,
an evening once
lingered.

(This was in the time of anger's sowing,
this was in the threepenny riot,
this was at open-fire time on the clocks.)

In amongst so many,
we traversed the evening
lingering
in the boat on the bay.

(Many things changed after that;
the public issue escalated.)

But that evening still lingers:
honey-lipped virgin
with hair darker
than a blackbird's wings.

BALL OF YARN

I tie and I untie

       the knot

twixt sign and sound

I put off sense

in plot:

intrigue
enigma

CHARADE

She sings death's song.
Deceives.
Tells life's story.
Enchants.

Siren perhaps?
Was Sphinx before.

You get
Scheherazade?

METAPHOR

Meaning hanging
word awaits
open
within a foreign phrase,
gap over which sense
spreads.

In the abyss of image
verb is vertigo.

ECHOES & VOICES

ECHO

for Paulo Henriques Britto

It doesn't always correspond. "Where to respond?"
He ponders, repeating. "Repeating?"
He responds, repeating fleeting sweetening
my last word's echo.

Aurous aura, verbal flora…
"Florous aurum?" Seeking quorum.
Cartoonish portrait drawn in sound, translational?
Cacophony in beauty inescapable?

In beauty inescapable "capable a bull"
in inverted echo: able, babel.
Dizziness drips on the mirror

drawn from Narcissus… "Cis's, sis's?"
Ironic, yes… or simply synthesis?
"Who dreams in prose?", the echo goes, nearer.

AUTREMENT

echoes of the day
in a kaleidoscope
slow larvae shift
twixt words and things

En otras palabras:
nobody dreams in prose.

THE BODY AND THE VOICE

In the succession of morningtime movements
an involuntary contraction
in the muscle of the left
arm

distracts my attention

In between the body he is
and the body he possesses,
a swaying
shifts things and members

Tension translated
into deep vocal timbre

In between the words he is
and languages he speaks
just one voice
comes and goes.

TREE (II)

Under the tree, ebb and flow
crowing of cocks and leaves
pure rhythm in the foliage
whispering absent words.

Verses on wind
inhuman verb
questions, is questioned:

"Could it be it could be that I'll be?"

Composed,
the tree wishes it were a stream.

CLOTHESLINE

Rags hanging
in barren slums:
threads tightly strung

Some scraps of myth
stretched out
over words' courtyard

With any such thread
she makes
(remakes)
a shroud.

VOICE

Casting reflexive distances,
this voice is echo and ruin:
spilled out
archaic
in the third person;
from outside in
my own.

ECHOES OF THE FUTURE

I

Imagine I'm a foreigner
I know some living languages
I studied dead languages
but can say almost nothing in English.

Imagine I got up early and spent the wee hours translating
Nietzsche
into my own language (which is not the one in which you are

now

reading me).

Imagine now I went out this morning to buy some bread
(I'm feeling sad because the woman I love may well
leave me).

Imagine I stop for a moment on the bridge on Union
(where the homeless trans girls cross the highway every night)
and on its low gray wall in white letters I read:

"The future is female."

Now try to imagine
resounding in my thoughts like an obscure
oracle
the surrealist voice
and in it a further-off echo:
Das Ewig-Weibliche
zieht uns hinan.

II

Imagine that months later, back in Tulsa,
I am walking with said woman
and I pass again by that same place:
the inscription remains there
somewhat faded
but quite visible.

Imagine then that I tell her this story.

(Now I hope you are imagining
she's me.)

PURE POETRY

reading Orides Fontela

I draw near, dangerously, to the end of the line.

After stressed tension, cut's
abyss:

a
single
syllable
saturating
silence.

After that, better read a little prose.

HAIL, POETRY!

With its title alone, Patrícia Lavelle's book of poems *Bye bye Babel* calls to mind two films as iconic for Brazilians as they are for the French: *Bye Bye Brasil* (1979) by Cacá Diegues and *Adieu au langage* (2014) by Jean-Luc Godard. Each of these films built, in its own time, an image of origin, of diversity, and of decline. The book's title brings to mind the meaning that is lost when communication breaks down. Its initial images lead me to the idea that language has failed and is failing, and that nonetheless, despite it all, it will try not to fail. Going on to read the poems themselves, organized into blocks, another sensation rushes over me. I feel I am faced with poems whose temporality is marked by a metamorphosis that is, simultaneously and paradoxically, both mythological and historical. I think: The reader will have to contend with the strength of this aporia, which is to say, the reader must contend with both the *coming to be* and the decline of language as a self-erecting force. I use the verb "erect" because this is a construction, —as much of the text we read as of the act of reading itself—; the construction of the tower of Babel as well as of the "coming" poetry, which can be constructed only when set free after the tower's destruction. The tower's destruction is a symptom of the wish to keep a "safe" distance from "myth"—not necessarily to erase it, but certainly to keep it at arm's length so as to learn to deal with its "presence." Starting here, the idea of the tower's destruction, put to work in *Bye bye Babel*, effectively captures the freedom the poem hopes to attain outside the circular, enclosed space of myth. Walter Benjamin, in his study of the *Trauerspiel*, stressed that the old heroic legends of the universe and its deities were reclaimed profanely in baroque drama; that is to say, these dramas lacked the preceding legends' mythological and sacred power, but the legends persisted within them as "form." The epic ceased to be used as a form of natural history and assumed an allegorical function on the baroque stage. From this point on, allegory and epic took on cultural affinities that would be of great import to modern art.[3]

The tower the reader faces in Patrícia Lavelle's book is the image of ruin. There is no hope that the desire to recover pure language—the last poem, dedicated to Orides Fontela, is titled "Pure Poetry"—could plausibly be fulfilled. In "Poème de l'adieu au poème: Bailly,"[4] Jean-Luc Nancy made reference to an act of bidding farewell that is simultaneously a goodbye and a greeting, a greeting to a new poetry that takes place within "*l' adieu.*" In *Bye bye Babel*, what urges language to push on is a sort of *hybris* of the poetic act that inspires the task of the (im)possible, as if the book were an epic, though we know from the start that its epic form is in fact hollow. A sort of "game" is established—a game of occupying places that straddle mythological and historical times. This becomes evident in "Kairos," "Cronos," "Ithaca," "Ball of Yarn," and in these lines from "A Memory":

---

[3] See Walter Benjamin, *Origin of the German Trauerspiel*, trans. Howard Eiland (Harvard University Press, 2019).

[4] See Jean-Luc Nancy, "Poème de l'adieu au poème: Bailly," *Po&sie*, no. 89 (1999): 59–63.

"Frozen breath
inside a crystal bubble:

it was glass
and never broke
it was sweet
and never ended
it was rose
and never withered."

Even before, in the book's epigraph, the words of Immanuel
Kant reinforce the knowledge that there is no plausible chance
of success in any attempt to (re)construct the tower. Even still,
language will try again, characterized by its desire to take place,
as Giorgio Agamben understands it[5]—its desire to gather
strength and act, attesting to its ruins. The most iconic ruin of
the historical world becomes the motif of the first poem of this
book: the epic poem, imagined based on what remains of it, *in
nuce*. The poem, on its synthetic "canvas" of tensions, operates
through the phantasmagoric images of epic heroines: Nereids,
Nixies, even sirens and Beatrices, brought together in the au-
thorly figure of Scheherazade. Next, another ruin—this one
less problematic with regards to its discrepancy with the histori-
cal world—also appears in phantasmagoric form. This is the
motif of the book's second poem: the "espectro lírico" (which, in
Portuguese, could just as easily be a "lyrical spectrum" as a
"lyrical specter"). Again, through allegory, the poem sets out a
synthetic "canvas" of tensions: one defined by no longer having
a place—the poem is a sonnet—while still wanting to have one,
surviving, and thus returning as a specter. The dialectical im-
ages of origin as destruction and destruction as origin multiply:
The reader comes across the "ark" in the poem "Babel's Ark" as

---

5   See Giorgio Agamben, *Language and Death: The Place of Negativity*, trans.
Karen E. Pinkus and Michael Hardt (University of Minnesota Press, 2006).

the image of a ship adrift and also as the origin of the drift itself: "In it, tongues bundled, / fertile hybrid pairs / grew up and multiplied." We also find the image of mud, in the poem "Utopia of Mud," as fertile ground for an ephemeral construction permeated by the rhythmic movement of the "almost" popular enjambment of this poem's diminutive quatrains, giving it an "almost" metaphysical element of truth: "That was childhood / of yearning reason: / in their hands, clay / in their voice, Babel. In "Arranha-céu," a poem that does not appear in the present edition, it is the poetry of Lu Menezes that, with its stripped-bare sky, denounces the fallacy of the hybris allegorized in Patrícia Lavelle's verses: "The sky, scratched, poured out / all its transcendence." This dialogue with another body of contemporary writing—that of Lu Menezes—likewise attests to the "hollowness" of the epic of language in its desire to reach the heavens. In "Onde o céu descasca," published in a book of the same name, Lu Menezes asks: "Inside / the pizzeria, painted blue with clouds, / a spot / where ink flakes off, where the sky rests / reveals / the sordid prior ceiling / […] *True company…* / in a simulation of sky, such silliness?"[6] Using this same lack of significance, Patrícia Lavelle presents the language of these poems with extreme self-irony—"(and even still this first person is not / so singular)"—regaining strength precisely when marked by a "taste" unique in its capacity to transform ideas into things: "I collect ancient metaphors, / make mythological micrologies, / recycle used toponymies, / […] / Thus I go from one thing-thing / to another thing and another." This taste for materialities gradually constructs a game of indetermination proper to figurative language, yet it does so without producing new conceptions of things with its figurations, as can be observed in the poem titled "Poetics in Scraps," which concludes the first part of the book, "Ruins."

---

[6]   Lu Menezes, *Onde o céu descasca.*(Rio de Janeiro: 7Letras, 2011).

Bye bye Babel is divided into five parts. It begins with "Ruins," followed by "Hybrid Word," "Eros & Logos," "Verb Tenses," and "Echoes & Voices." In all of them, we perceive a tension—created by the way language operates in the poems—between contending with the abstractions of language and wishing to make said abstractions operate in an absolute present tense. With no hopes of attaining and "resolving" this dialectic, the poems "merely" demonstrate their "desire." This is made evident in the untitled poem that opens the book's second part. It operates through assembly: A line of poetry by Gonçalves Dias, evoking a perpetually "separate" attestation of his utopian linguistic fatherland—"The birds that sing here / do not sing like they do there"—is linked to the following lines: "Heimat is that there / exiled / in any / here." Besides demonstrating, with the final stanza, the merely indicative nature of language, with no utopia or hope of (re)union, the assembled nature of the poem creates an allegorical canvas where two opposing forces come into conflict. The poem finds its strength, its defining concept, and its purpose in the tension between the contradictory, operating as a baroque allegory. In "Mother Tongue"—which is one of the loveliest poems I have ever read—we see the book most impressively as a whole. Once again, the reader comes up against this baroque, allegorical game. The poem starts by presenting a concrete image of a grander abstraction: the concept of history. Making use, in the original, of the ambivalence of meaning produced by the Portuguese pronunciation of the word *ouve*—which fluctuates the second-person singular of the imperative mood of the verb ouvir ("to hear") and the impersonal form of the verb haver, here meaning "to exist"—the poem creates a canvas of tensions. It thus contrasts two ways of conceiving of history: one through orality, founded upon the temporality of hearing, related to myth and thus neither discursive nor scientific, and another through a science of time marked by the attestation of occurrences in a progressive order, that is to say, a historical temporality. From an idea of language as fatherland, wrapped up in the linguistic pretension that governs the historical conception of Gonçalves Dias's poem, we move, in "Mother Tongue," to a conflict between language as fatherland and language as motherland, between reality and illusion. In the poem, a mother tells her son a story, an oral narration of language: a time of melodies, quatrains, and rhymes, taken as a temporality of pure language—raucous, manifold, and babbling music—and another time that "was already intermingled / with another, slower, longer, whispered / monotony," inserted within this babbling, innocent melody. It thus lends the concept of language this double nature, which, being double, grants multiplicity. *Bye bye Babel* is a book that produces a ceaseless movement of thought on language in general, its assumptions, and its uses. In spite of everything, what produces this thought is precisely the use of language in its most exuberant and proficuous facies—which is to say, in poetry. Its poems' use of language is impressive for the levity with which they contend with the impasses of language. They are invested in the sonorous conflict between words, highlighting phonemes and their absences of meaning, and, in counterpoint, they highlight the other "meanings" produced by these same sounds. The compositional principle of "Echo" demonstrates the extent to which the sonorous potency of language can produce an infinite sequence and a rhythmic enjambment, employed here as producers of language: "drawn from Narcissus… 'Cis's, sis's?' / Ironic, yes… or simply synthesis? / Who dreams in prose? the echo goes, nearer." In recent years, I have focused on researching poetry written by women. And it is always intriguing to observe how much of women's writing consistently centers the relationship between world and language, between art and reality. I have observed that their work almost never "conforms to" the world; on the contrary, it is always seeking to "form part of" the world. This is what Patrícia Lavelle's poem "Ithaca" *performs*: "From hand to hand / I wove and I unweave / the shroud / of our plot."

And, since the concept of the world is broad and diverse—as Paula Glenadel wrote in the dedication of her book *Rede* (2014): "To the world, be it as it may, my thanks"[7]—this writing has the power to seek to create new worlds. I call this—this force—feminine. Contemporary Brazilian poetry has been created and nourished by many women authors who write this way. This is "skilled" work with language that meditates on its most powerful task: that of naming the world and, thereby, looking at the world as if for the first time and (re)creating it. There still remains the task of conceiving of language with this ambivalent function of recognition and surprise, estrangement and presence. The poetry of *Bye bye Babel* does not spurn the higher demand of contemporary poetry—especially, it must be said, of poetry by women—to "account for" its awareness of being unable to attain the summation of either linguistic meaning or a general vision of the world and the human—nor, likewise, to generate attempts to name and (re)create worlds. This orientation toward precarity—and the confidence that, in this place, the poetic act can be transformed—is one of the singularities that ties Patrícia Lavelle's poetry to what I conceive of as "the feminine" and "the contemporary." This is a search for another kind of relationship, always textual in the meanwhile, capable of producing extra-textual experiences that accommodate the possibility of interdependence between biology and humanism (*zoë* and *bios*—"Eros & Logos" is the title of the second part of *Bye bye Babel*), between ethics and writing, between meaning and the suspension of unthinking oneness, between mimesis and mimicry, between speech and discourse.

Susana Scramim

Translated from Portuguese to Spanish by Jesús Montoya
Translated from Spanish to English by Arthur Malcolm Dixon

---

[7]   Paula Glenadel, *Rede* (Rio de Janeiro: Confraria do Vento, 2014).

...

BYE BYE BABEL

—

SPANISH

Translated from Portuguese to Spanish by Jesús Montoya

SIN OMBLIGO

Esta noche soñé que había dado a luz a un bebé sin ombligo. Parturienta sin trabajo de parto, desperté con el eco de las palabras del médico que vino a darme la extraña noticia. A pesar de no haber encontrado cordón umbilical, él afirmaba que el recién nacido estaba bien, gozaba de buena salud y era muy bello. Sin embargo, me dejó inquieta, y deseosa de arrullar al niño que no había alimentado con mi propia sangre. Este sueño me angustió bastante hasta el momento en que reconocí, en el semblante del obstetra, los trazos de un conocido traductor de varias lenguas al portugués.

–¡Ah! –diría mi psicoanalista.

–Sí, creo que consigo traducir sola el mensaje onírico.

Bye bye Babel tuvo un parto largo y laborioso. Fueron tres ediciones en dos lenguas: mi portugués brasileño materno y mi francés maternizado tardíamente, por muchos años de emigración en Francia y de escritura translingüe.

Bye bye Babel viene ahora al mundo sin cordón umbilical en otras dos lenguas que leo y entiendo, pero en las que no escribo. ¡Y qué lenguas! El español y el inglés, que abarcan medio mundo, y hacen de mis dos idiomas de escritura lenguas menores, minoritarias.

Necesito, entonces, recontar la historia de esta construcción inacabada que ya comenzó doble, y que ahora me ultrapasa, múltiple.

Babel. El nombre evoca la narrativa bíblica muchas veces citada y retomada, que me gustaría relatar aquí una vez más. En ella, una comunidad habría intentado erigir una ciudad y una torre capaz de tocar el cielo y así hacer para sí misma un nombre que aboliría toda alteridad, incluso la divina. Tal proyecto, fundado en la ilusión de un habla única y unificadora, es la imagen del deseo de una lengua suprema, de un lenguaje puro, perfectamente transparente, confrontándose a la efectiva pluralidad lingüística y a la relativa opacidad en el interior de cada lengua. Babel, que figura el deseo del lenguaje único es, por lo tanto, también la imagen de la confusión lingüística que resulta de su fracaso inevitable.

Deseo de unidad en la efectiva pluralidad, Babel no es un concepto del cual yo podría dar una definición, tampoco es exactamente una metáfora. Se trata de un motivo o un tema, que suscitó y atraviesa este conjunto de poemas. Tal vez sea también una alegoría: designa una cosa y su contrario, y otra cosa más, y otra, y otra. Por eso no puedo definir Babel, ¿cómo traducirla, entonces, si no contando? Y recontando no apenas una, sino dos historias.

Traducir Babel significó también decir adiós a dos ciudades, a dos lenguas, a todo monolingüismo. De las diversas despedidas que marcaron y aún marcan mi trayectoria, *Bye bye Babel* fue surgiendo poco a poco, a partir de 2014. Publicado inicialmente en 2018, el libro fue reeditado en 2021 con algunos poemas más, y después fue reescrito en francés y publicado en Francia en 2023. En este último proceso de traducción invertido, que ocurrió durante los años de la pandemia, cuando estuve viviendo nuevamente en París, surgieron toda una serie de poemas nuevos: eran traducciones sin original, escritas directamente en esta lengua que aprendí en la juventud, a partir de mis veinte años, y que adopté ya de adulta, durante un largo período anterior de emigración, entre 1999 y 2014.

Esta doble despedida también tiene una historia en la cual la práctica y la reflexión sobre la traducción desempeñan un papel importante. Cerca del año 2010, cuando aún vivía en París, descubrí con espanto que no había escrito ningún texto en portugués durante los diez años anteriores, a pesar de haber publicado un libro bastante voluminoso, que correspondía a mi tesis de doctorado en filosofía, defendida dos años antes en la École des Hautes Études en Sciences Sociales[1]. Así, para atender al pedido de un colega brasileño, traduje un artículo en portugués. A partir de allí, comencé a traducirme, reescribiendo los artículos académicos producidos inicialmente en francés.

Esto, en principio, no fue nada fácil. Faltaban palabras; faltaban, sobre todo, formas de conexión, articulaciones sintácticas. No obstante, no soy bilingüe desde la infancia, el francés es una lengua que aprendí en la juventud y solo se tornó mi lengua de escritura cuando otra lengua, aún más extranjera y tardía, vino a instalar esa babel: el alemán, que necesité aprender en francés. Sobre ese nudo, que es también una cicatriz y una traducción para Babel, escribí el poema "Palavra estrangeira".

El francés es una lengua átona. Las frases ganan algún tono apenas con las pausas, en un movimiento ligeramente ascendente poco antes de la parada, pero no hay sílabas tónicas marcadas en las palabras. En eso, la lengua francesa es más distante del portugués que del alemán (o del inglés); su monotonía alteró y aún altera mis gestos, postura corporal y tono de voz. Los poemas "Língua materna" y "Traduzida" evocan esta experiencia corpórea que otras personas también relatan a propósito de esta y de otras lenguas adquiridas

Escribí poemas en la infancia, pero el proyecto de una escritura poética madura vino de los procesos de autotraducción.

---

[1] *Religion et histoire : sur le concept d'expérience chez Walter Benjamin* (Paris: Cerf ["Passages"], 2008).

Este proyecto poético surgió en el extrañamiento de la lengua materna, y sin duda de la nostalgia de su ritmo. Y trajo una intimidad con la materialidad del portugués brasileño, con las tonalidades afectivas de sus acervos rítmicos que hasta entonces yo desconocía. Esto incluyó el estudio de los archivos métricos, de las formas tradicionales de versificación, en las cuales se sedimentan afectos. Con la escritura poética fui desarrollando una conciencia sensible y sensual del material lingüístico. Esta experiencia corresponde, así, a una erotización del lenguaje que se aparenta al Eros de la traducción.

Doblemente traducida −al español por Jesús Montoya y al inglés por Arthur Dixon− esta Babel crece y se multiplica en otros ritmos y afectos. La torre aquí se reconstruye (y se disloca) a partir de la segunda edición brasileña. Como un arca, que es también barco, transporta otras relaciones entre lenguas que tengo el placer de encontrar (y de descubrir) ahora en la lectura.

···

BYE BYE BABEL

—

para
Marc

"... si tuviéramos la intención de construir una torre capaz de alcanzar el cielo, el suministro de materiales alcanzaría apenas para una casa, a lo sumo habitable, lo suficientemente espaciosa para nuestro propósito en el plano de la experiencia, y lo suficientemente alta para permitirnos abarcarla con la mirada, por lo que este emprendimiento audaz no podría dejar de fracasar por falta de materiales; sin contar la confusión de las lenguas que inevitablemente dividiría a los trabajadores en cuanto al plano a seguir y los dispersaría por todo el mundo, cada cual con su proyecto".

KANT, *Crítica de la razón pura*

RUINAS

EPOPEYA *IN NUCE*

Quién fuera Nereida o Nixe
Silenciosa Sirena o Beatriz,
solo quisiera en una palabra
del único verso,
                    Sherazade.

ESPECTRO LÍRICO

Se busca palabra para decir el color de aquel instante
donde el amor fue eterno y la muerte
extenuada
le pidió tregua. Se busca tal

palabra para borrar vestigios
del tiempo en los cuerpos amantes
trazar arcos en el iris de los relojes
y hacer cercano lo que está distante.

Se busca una palabra como nube:
que sea pájaro, idea y centauro
que sea única y múltiple, vaivén.

Busco, en la sintaxis, tu reverso,
y en blanco y negro al fin (casi) restaurar
el espectro colorido del soneto.

ARCA DE BABEL

Érase una vez dos historias:
la ciudad en construcción
era este barco a la deriva.

En él, envueltas las lenguas,
pares híbridos y fértiles,
crecían y se multiplicaban.

Un abarcar, muchas arcas:
esta ciudad a la deriva
es bullicio y traducción.

DOS FUENTES

para Josely Vianna Baptista

Dice un canto Mbyá Guaraní
que en el principio divino de todo
las fuentes futuras del habla y del afecto
afloraron juntas

En estas aguas mezcladas
las palabras deben haber fluido
desde siempre en varios ríos

En cada lecho
aún hoy un arroyo
se forma y transforma

En los flujos de este curso
tú y yo
ellas ellos o nosotros
pensamos
y decimos
lo que pensamos
— inventando
en ese ritmo
modos de decir
de pensar

y de sentir

Las lenguas fluidas, por múltiples
en torrentes
divergen derivan
en todas, la suprema.

Además de esta
que conoces
y piensas única

en este inmenso territorio
hay variadas voces:

son ciento cincuenta y cuatro

Tupí, Macro-Jê, Karib y Pano
son grandes familias lingüísticas

Kanoê, Tikuna, Máku, lenguas únicas,
que no se asemejan a ninguna otra

Ciento cincuenta y cuatro lenguas viven aún,
pero fueron casi mil las hablas de quienes vivían aquí
antes de que el portugués inventase a Brasil

UTOPÍA DE BARRO

"Agua, arena
arena y tierra
barro y quilla
quilla-arcilla".

Los niños en la playa,
en la playa de un río,
jugaban en el barro.

"Arcilla en ladrillos
ladrillos en pilas.
Los niños apilan
en torres y torres.
Las niñas apilan
en voces y voces".

Sin proyecto ni plan
apilado, inventan
"¡una gran torre!"
E inventando, suspiran:
"¡Una sola para todos!"
"¡Una sola, hasta el cielo!"

Aquello era infancia
de razón que aspira:
en sus manos, arcilla
en su voz, Babel.

LA TORRE

Aunque sus cimientos
sean un tanto inciertos,
con geometría conceptual
y argamasa sistemática
la torre es bien construida:
ladrillo sobre ladrillo,
sigue un plano racional.
Pero cuando la palabra quiere
tocar el cielo,
se torna escaso
el material.
En lo alto la densidad
demostrativa
del concreto
débil es.
En nubes convergen las palabras fundamentales
y en neblina metafórica divergen
los planos ideales de construcción:
lenguas metafísicas se dispersan.
Aquí luz
es piedra
y
la verdad
más pura,
pues al final esta cima
es la base que faltaba:
poesía, esa piedra más dura.

HEIMAT

abolibi bello
nanani nanã
balbô olodum capibaribe
to be tupã tupi
haiku bye bye

Balbuceo
el celo
y la *hybris*
de la palabra:
Babel.

Y retorno aún a la matria,
a la amada,
a la idolatrada,
suelo y sangre de la lengua pura:
la primera y única, que era toda mía,
y quería ser de todo el mundo.

Pero en este viaje marítimo
naufrago entre muchas Ítacas
lejos de cualquier Pasárgada
en una larga carretera de Sintra.

POÉTICA EN RETAJOS

Escribo con restos y ruinas
(ni en eso esta primera persona
es muy singular).

Colecciono metáforas antiguas,
hago micrologías mitológicas,
reciclo toponimias usadas,
y hablo de esto para decir aquello
y digo aquello para hablar de esto.

Así voy pasando de una cosa-cosa
a otra y otra cosa
más rarefacta y siempre doble
que me observa de vuelta
cuando la miro.

He naufragado muchas veces
y ya estoy de nuevo embarcada.

Haciendo míos, versos ajenos
haciendo mis versos, ajenos
voy recogiendo desechos
de tantos otros naufragios.

PALABRA HÍBRIDA

"As aves, que aqui gorjeiam,
não gorjeiam como lá".[2]

"Las aves, que aquí gorjean,
no gorjean como allá".

Heimat es ese allá
exiliado
en cualquier
aquí.

[2]   Referencia al famoso poema "Canção do Exilio" del poeta romántico brasileño
       Gonçalves Dias.

LENGUA MATERNA

para Gabriel

Oye, hijo mío, en un tiempo:
la lengua era una sola
melodía
en redondillas ingenuas
rimas minúsculas
y naturales
como pajarito en lata
de leche en polvo

La lengua, pura como agua
en leche maternizada,
era
una
única
inmensa infancia

Pero en la leche viva de mi pecho
enriquecido
con variados nutrientes
ese ritmo
ya vino entremezclado
con otro más lento, más largo, susurrada
monotonía, en doce dosis, uniformes

Por eso el sabor de tu lengua
siempre fue doble,
maternelles, fueron sus primeras letras,
pero el múltiple nacimiento, es tu infancia.

LOBA MARINA

Entre les vagues, il vogue:
viene, va, vuela
se sumerge y flota.

Híbrido animal,
pez-fiera, madre-sirena
quimera.

Tan contraria de sí,
entre mar y tierra
híbrida palabra.

HYBRIS

El postulado y su opuesto:
pureza híbrida
el metro y el amorfo
el exceso y el *assez*.

Todo eso y el ritmo
aún *et encore*.

MATRIOSCHKA

para mi madre

Tengo tantos comienzos, ningún fin;
por dentro diversa, contengo uno a
bierto que se abre sobre otro que se a
brió: después dos, uno más y

por dentro, entraña bajo entraña
el núcleo recóndito y entero

desapareció

DANS LA LANGUE À TOI
(VARIAÇÕES - REVERSIONES)[3]

1.

J'écris
avec peu
dans ta langue
je suis
très peu

Escrevo
com pouco
na língua
sou sempre
bem pouco

(e a língua
nem sempre
é minha)

Poco, casi
nada en la lengua
escribo
diría

respondo a la avería
una variación

---

[3] Este poema fue inicialmente escrito y reescrito por la autora en francés y en portugués, en un proceso de variación que se ofrece como base a las recreaciones en español y en inglés. La incitación a la variación de la traducción permanece abierta y puede incluir, incluso, otras lenguas. (tr. Jesús Montoya)

esta lengua,
como dice Leminski,
no es la mía

2.

Ici
s'inscrit
la pensée
d'un là-bas

Aqui se inscreve
um pensar
em lá

Allá se llama
la frontera
que atraviesa
el pensamiento
lingual

3.

J'écris
je m'inscris
ici là
dans la langue
à toi — à
toi, je dis
et j'attends
maintenant

dérivant
entre les rives
des rimes

Escrevo
me inscrevo
aqui lá
na língua
também
tua –
tua, digo
e agora
espero

é a hora

da rima

Reescribo
traduzco desde allá
por aquí se oye
la llama de esa,
tu lengua en llamas

pasadizos
de la arritmia
entrecortado
presente
y
porvenir

4.

On se noie
dans ta langue
facile à dire
facile (à vrai dire)
ta langue
se plie à la rime
mais elle se moque
du chant

Babélicas
las tablas
del maderamen
en partida

ningún barco
lleva un destino
ni tan siquiera
un decir

5.

J'écris
je m'inscris
à toi dans la
houle
dans le
vague
de ta langue

Me inscrevo
e traduzo
nas

vagas
da minha
língua
di
vago
e a faço
afago,
tua

Me apropio
y traduzco
las úvulas
las papilas
las esdrújulas
di
vago
y viajo
y hago
rehago
gagueo
tu língua
aquí

PALABRA EXTRANJERA

Entre las palabras y las cosas,
hay siempre una distancia:
en la palabra, la cosa es otra,
en la cosa, la palabra no es.
Pero esa cosa sonora,
que la palabra es también,
es un tipo de artimaña
para adueñarse de otra cosa.

Presa en la palabra extranjera,
una cosa es aún más otra
menos diversa de sí
que mi propio silencio.

Pero la palabra extranjera
que tardíamente aprendí
en previa palabra extranjera
se torna alguna aún más diversa
agarrándome así,
de buenas a primeras.

Cosa aprendida en el tiempo,
toda palabra es artimaña
donde yo, ella o esto
(la cosa pensante = X)
capturada, se captura:
toda palabra es extranjera.

EL TRADUCTOR

El cuerpo se retuerce
un gesto sin
son
esboza ritmos
en arrítmico movimiento
de labios

Entre dos tramas
(fonemas
palabras
sintagmas
sintaxis
sentidos
entre paréntesis)

un hiato:
cesura la-semántica
intervalo

y salto

TRADUCCIÓN

Red preñada de peces
que trae consigo el mar
medio vivo medio muerto.

Lenguas múltiples
entre escamas y aristas
se comunican en silencio.

TRADUCIDA

La lengua del traductor invade mi boca
y lúbrica alisa la plástica muscular
de sus vocales leves
y esa recta ligeramente ascendente
de cada frase suya
penetra
lo elástico rítmico de mis sílabas
en redoblado silencio
gozo
el eco en esta otra voz
langueur monotone
dentro.

EROS & LOGOS

DIÁLOGO

Sentí tu mirar endurecerse
en mis palabras:
intumescencia inmediata
aquella grieta
obscura
entre el cuerpo y el discurso.

ÁRBOL (I)

De repente fue primavera en aquel otoño
un solo instante entre lo dicho y lo hecho.

Tu palabra entró en mí
como un poema:
¿traducción de ningún lugar
o de algún lugar común
en tu idioma longincuo?

C'était trop tôt, c'était trop tard.
It was too soon it was too late.
Es war zu früh aber schon zu spät.

Entre lenguas, todas extranjeras,
lo no dicho hizo el árbol.

¿Hamadríade o sátiro?
¿Adán y Eva?
¿Fruto prohibido?
¿Visión del paraíso?
¿Pau-Brasil?

Tu árbol, en la fotografía,
vino con una explicación:

Río :-)

El verbo involuntario sonrió
irónico en el nombre

Y lentamente fue invierno sin haber sido verano.

NOMBRE

Tu nombre es donde el Sena desagua en Guanabara:
la más perfecta pompa de jabón,
una trampa para capturar el tiempo.

Líquido precioso,
tu nombre de hidalgo
es lago y agua brava.

Flujo y represa,
él cuenta la victoria
de aquel tiempo
que se instala
aquí y ahora
a la hora de amar.

En esta cama un hilo de agua acecha
entre herrumbres y reminiscencias
la eternidad cristalina del gozo.

Pero tu círculo mágico
que mi cuerpo abarca
es la cabaña y el castillo
donde *kairós* vence a Cronos.

LA LENGUA, EN FLOR

En la rosa aún virgen de la lengua
se escurre, líquida, entre dientes y dedos
el ahora-otrora de una palabra:
aquella que no se dice.

¡Primera flor lasciva, inculta y bella!

El origen obsceno de la canción
eres tú, falso Ulises, náufrago de piscina, quien escucha
e indiferente el bosquejo naciente del poema
retorna
duro en mí.

¡Bruta flor de la lengua, bárbara y nuestra!

Origen y ocaso, la ocasión
y el azar
del poema.

ALEGORÍA (I)

Se llama "Pañuelo de Desdémona"
y es sin duda muy primitiva:
mero contorno casi sin color,
membrana iridiscente y flexible,
frontera tenue entre agua inerte
y alguna alternancia de placer y dolor.

Pero el contacto de su inocencia
provoca, dijeron,
inexplicables úlceras de Job.

Inmerecido castigo del justo,
la anémona quema:
boca de Carmen, ojo de Medusa.

Y en un pasaje a otro género:
metáfora en metamorfosis
de mi deseo que cambia
a tu celo que duele.

ALEGORÍA (II)

Según la enciclopedia Británica, las anémonas de mar parecen flores, pero en verdad son animales. Sus 'pétalos' son como brazos, llamados tentáculos. Estos le circundan la boca. Su cuerpo es blando, y puede ser corto y grueso o largo y delgado; la mayor parte está compuesta por agua. Las anémonas de mar son parientes de las medusas o de las aguavivas. Así como las medusas, también secretan una substancia en la piel de la persona que las toca. Pueden entonces causar dolor o provocar malestar.

CANTIGA DE AMIGA

No, no hay, amor mío,
una gota de sangre en cada poema
en las venas del poeta corre un fluido azul
de lapicera.

No, no hay, amor mío,
una gota de esperma en cada poema
el gozo del poeta, puro y líquido,
es tinta negra.

No, no hay, amor mío,
una gota de tinta en cada poema,
de la pluma del poeta destila, incoloro,
un pensamiento:

este
aquí.

TIEMPOS VERBALES

KAIRÓS

cuando tu soplo se instala

en el instante

dilatación de ese instante

en el cuando

el tiempo   en una   burbuja   de   jabón

CRONOS

Las horas que del espejo te devoran
              desfilan hilando un fino hilo continuo
en el tejido del rostro en telas capturan
              el misterio de lo vivo entornado al ojo

ÍTACA

De mano en mano
tejí y destejo
el tejido
de nuestra trama.

De habla en habla
tracé y traduzco
a babel
en nuestra lengua.

De cuerpo en cuerpo
reencuentro
tu rostro
sin retorno.

CALIPSO

Cuando aquí naufragó
resacas arcaicas
refluyendo
en un ahora de espumas
arrastaron
reminiscencias de lo que no fue.

Anunciaban aquel otro pasado
intacto
en la redoma cristalina
que hacía mucho tiempo se había roto.

Entonces, fue preciso volver de inmediato a casa.
Era imposible quedarse en aquel futuro
ahora más que pretérito.

UN SUEÑO

Un campo inmenso y verdoso, un ver
de mariposas múltiples
al capturarlas veo
despierta
que eran pompas de jabón
que se deshicieron en el aire.

UN RECUERDO

Soplo congelado
en burbuja de cristal:

era de vidrio
y no se quebró
era dulce
y no se acabó
era rosa
y nunca marchitó.

NAVIDAD

Cada año
una o dos bambalinas
acaba en pedazos
en torno al árbol iluminado.
Sacrificio consentido
al pasaje progresivo de los años
y a la vida en los gestos
del niño.

Este año ninguna será quebrada.
Se quedarán selladas en cajas
perdidas en un sótano oscuro
entre tantas casas
que no fueron mías.

Lo olvidado se cristaliza
alrededor de los pedazos suspendidos
formando una extraña taza
jícara transparente y amarga
en que ahora bebo
de un trago
todos los años perdidos.

AÑO NUEVO

Horizonte inmenso de una costa
Nórdica e inhóspita.

Rumor de olas en la fotografía
Y germinación luminosa.

—Ve, hijo, a lanzar flores en el mar.

TARDA

Era una vez una tarde.

(Esto fue hace mucho mucho tiempo,
fue en el año sin gracia de 2013,
esto fue en agosto, mes del disgusto.)

Allá, en la lejanía,
allá donde la ciudad azula el horizonte,
se tardó una vez
una tarde.

(Esto fue en el tiempo de la ira sembrarse,
esto fue en la revuelta de los *tres centavos*,
esto fue en la hora de disparar en los relojes.)

Entre tantos,
atravesamos la tarde
tardando
en la barca sobre la bahía.

(Muchas cosas cambiaron después de esto,
y la cuestión pública empeoró.)

Pero esa tarde tarda todavía:
virgen de labios de miel
y de cabellos más negros
que las alas del tordo.

EL HILO DEL OVILLO

Ato y desato

       el lazo

entre signo y sonido

aplazo el sentido

en la trama:

intriga
enigma

CHARADA

Canta la muerte.
Engaña.
Cuenta la vida.
Encanta.

¿Sería Sirena?
Esfinge ya era.

¿Mató
a Sherazade?

METÁFORA

Suspendido el significado
la palabra espera
abierta
en una frase extraña,
brecha donde el sentido
se proyecta.

En el abismo de la imagen
el verbo es vértigo.

ECOS & VOCES

ECO

a Paulo Henriques Britto

No siempre corresponde. "¿Dónde responde?"
Pondera, repitiendo. "¿Repitiendo?"
Responde, repitiendo lindo lindo
el eco a mi última palabra.

La labra de oro, esa palabra en larva…
"¿La labra en larva?" Metáfora parva.
¿Imagen sonora en caricatura?
¿Cacofonía en una bella figura?

Figura bella "belabel a bel"
en eco invertida: abel, babel.
Vertido vértigo en espejo

partido de Narciso… "¿Ciso, siso?"
Y en eso ironizo… sí, ironizo.
¿Quién sueña en prosa?, trova el eco.

AUTREMENT

ecos del día
en un caleidoscopio
se mueven lentas larvas
entre palabras y cosas

In other words:
nadie sueña en prosa.

EL CUERPO Y LA VOZ

En la sucesión de gestos matinales
una involuntaria contracción
en el músculo del brazo
izquierdo

distrae mi atención

Entre el cuerpo que él es
y el cuerpo que él posee,
un vaivén
mueve miembros y cosas

Tensión que se traduce
en timbre grave de voz

Entre la palabra que él es
y las lenguas que habla
solo una voz
viene y va.

ÁRBOL (II)

L'arbre rêve d'être ruisseau
P. VALÉRY

Bajo el árbol, flujo y reflujo
cacareo de gallos y hojas
el ritmo puro en los ramajes
susurra palabras ausentes.

Versos al viento
el verbo inhumano
interroga, se interroga:

—¿Será que será que seré?

Sereno,
el árbol quería ser riachuelo.

TENDEDERO

Harapos suspendidos
en arrabales baldíos:
hilos de alta tensión

Unos restos de mito
extendidos
en el patio de las palabras

Con cualquier hilo de estos
ella hace
(rehace)
un tejido.

VOZ

Proyectando distancias reflexivas,
esta voz es eco y ruina:
se derrama
arcaica
en tercera persona;
de afuera hacia dentro
mía.

ECOS DEL FUTURO

I

Imagine que soy extranjero
conozco algunas lenguas vivas
estudié lenguas muertas
pero no sé decir casi nada en español.

Imagine que me levanté temprano y pasé la madrugada
                                        traduciendo
a Nietzsche
en mi propia lengua (que no es esta en la que ahora usted
                                        me lee).

Ahora imagine que salí por la mañana para comprar pan
(estoy triste porque la mujer que amo tal vez me
deje).

Imagine que me apoyo un instante en la baranda del viaducto
                                        Campo Elías
(allí mismo donde por la noche travestis tienen su punto)
y en la estrecha amurada gris leo en letras blancas:

"El futuro es femenino".

Intente entonces imaginar
retumbando en mi pensamiento como un oráculo
obscuro
la voz surrealista
y en ella un eco más longincuo:
Das Ewig-Weibliche
zieht uns hinan.

II

Imagine que meses después, de vuelta a Mérida,
estoy caminando con la mujer
y paso de nuevo por el mismo lugar:
la inscripción aún está allí
un poco borroneada
pero aún bastante visible.

Imagine entonces que le cuento a ella esta historia.

(Ahora espero que esté imaginando que ella
soy yo).

POESÍA PURA

leyendo a Orides Fontela

Aproximo peligrosamente, el fin de la línea.

Después de la tónica tensa, el abismo
del corte:

una
sola
sílaba
saturando
el silencio.

Después de ella, mejor leer un poco de prosa.

¡SALVE, POESÍA!

El libro de poemas *Bye bye Babel*, de Patrícia Lavelle, ya en su título, trae al lector el recuerdo de dos películas emblemáticas tanto para los brasileños como para los franceses, *Bye bye Brasil* (1979), de Cacá Diegues, y *Adieu au langage* (2014), de Jean-Luc Godard. Estas películas construyeron, cada una a su tiempo, imágenes del origen, de la diversidad y del declive. El título del libro hace presente en nuestro pensamiento un tipo de problema creado por la falla de comunicación que acarreará una pérdida de sentido. Las primeras imágenes me llevan a la idea de que el lenguaje falló y falla, y a que sin embargo, a pesar de todo, intentará no fallar. Siguiéndole propiamente a la lectura de los poemas, organizados en bloques cuya imagen más fuerte es la de la desaparición, otra sensación me invade. Parece que estoy delante de poemas cuya temporalidad está marcada por una metamorfosis que, simultánea y paradójicamente, es mitológica e histórica. Pienso: el lector necesitará lidiar con la fuerza de esta aporía, es decir, debe lidiar con el *venir a ser* y el declinar del lenguaje como fuerza que se erige. Me refiero al verbo erigir, porque se trata tanto de una construcción de la parte del texto que se lee, como de la lectura en que opera; tanto de la construcción de la torre de Babel, como de la poesía que "viene", la cual se construiría solamente cuando fuese liberada, posterior a la destrucción de la torre. La destrucción de la torre es síntoma de algo que desea mantener una distancia "segura" del "mito", no necesariamente para borrarlo, pero sí mantenerlo allí para que se aprenda a lidiar con su "presencia". A partir de esto, la idea da destrucción de la torre, operada en el libro *Bye bye Babel*, funciona muy bien para la libertad que el poema quiere alcanzar fuera del espacio circular y cerrado del mito. Walter Benjamin, en su estudio sobre el *Trauerspiel*, resaltó que la fuerza de las leyendas heroicas sobre el universo y la divinidad fue retomada en los dramas barrocos de modo profano, es decir, estaban vacíos de su fuerza mitológica y sagrada, no obstante, estaban allí como "forma". La epopeya deja de ser utilizada como forma de una historia de la naturaleza y pasa a tener a función alegórica en la obra barroca. Alegoría y epopeya acaban, a partir de esto, adquiriendo afinidades culturales muy importantes para el arte moderno.[4]

La torre que el lector tiene al frente en el libro de Patrícia Lavelle es la imagen de la ruina. No hay ilusión alguna de que el deseo de recuperar la lengua pura –el título del último poema, dedicado a Orides Fontela, es "Poesía pura"– sea algo plausible de ser realizado. Jean-Luc Nancy, en "Poème de l'adieu au poème: Bailly",[5] ya se refería a un gesto de despedirse que, simultáneamente, es un adiós y un saludo; un saludo a una nueva poesía que toma escena en "*l'adieu*". En el libro *Bye bye Babel*, lo que incita al lenguaje a seguir al frente es un tipo de *hybris* del "poetar" que motiva la tarea de lo (im)posible, como si fuese una épica, aunque, se sabe desde el comienzo, que esta ya lo es y que está hueca. Se instaura un tipo de "juego" de ocupación de lugares entre los tiempos mitológicos e históricos. Esto queda bastante evidente en los poemas "Kairós", "Cronos", "Ítaca", "Fio da meada" y "Uma lembrança", como se puede observar en los

---

4   Cf. Walter Benjamin. *Origem do drama barroco alemão*, trad. Sérgio Paulo Rouanet. São Paulo Brasiliense, 1984, p. 189.
5   Cf. Jean-Luc Nancy: Poème de l'adieu au poème: Bailly, *Po&sie*, no. 89 (1999): 59–63.

168

versos de este último: "Sopro congelado/em bolha de cristal:/ era vidro/e não se quebrou/era doce/ e não se acabou/era rosa/e nunca murchou"[6] (p. 64).

Antes, ya en el epígrafe al libro, se refuerza, con Immanuel Kant, que no hay posibilidad plausible de éxito en todas las tentativas de la (re)construcción de la torre. A pesar de todo, el lenguaje irá nuevamente a intentarlo, este se caracteriza por querer tener-lugar, en la comprensión de Giorgio Agamben.[7] Su querer recobra fuerzas para actuar, constatando sus ruinas. La más emblemática ruina del mundo histórico se torna el motivo del primer poema del libro de Patrícia Lavelle: la epopeya, pensada a partir de lo que restó de ella, "*in nuce*". El poema, en su "cuadro" sintético de tensiones, opera mediante la imagen de las fantasmagorías de las heroínas épicas: Nereidas, Nixes, o apenas, Sirenas y Beatrices, que se reúnen en la figura autoral de Sherazade. Enseguida, otra ruina, esta, menos problemática con relación a su discrepancia con el mundo histórico, aparece también bajo la forma de fantasmagoría, y es el motivo del segundo poema del libro: el "espectro lírico". Nuevamente bajo la forma de la alegoría, el poema opera el orden de un "cuadro" sintético de tensiones: el de no tener más lugar —el poema es un soneto— queriendo aún tenerlo, sobreviviendo, retornando, de este modo, como espectro. Las imágenes de origen como destrucción y de destrucción como origen se van multiplicando en los poemas a modo de imágenes dialécticas: el lector pasa por la "arca" —en el poema "Arca de Babel"— como imagen del barco a la deriva y también como origen de la deriva: "Nele, as línguas, enroscadas,/ pares híbridos e férteis, cresciam e multiplicavam-se./"[8] (p. 17). Se atraviesa también por la imagen del barro

---

6   *Soplo congelado / en burbuja de cristal: / era de vidrio / y no se quebró / era dulce / y no se acabó / era rosa / y nunca marchitó.*

7   Cf. Giorgio Agamben. *A linguagem e a morte: Um seminário sobre o lugar da negatividade*, tradução Henrique Burigo (Belo Horizonte: Ed. UFMG, 2006).

8   *En él, envueltas las lenguas, / pares híbridos y fértiles, / crecían y se multiplicaban.*

—en el poema "Utopia de Barro"– como terreno fértil para una construcción efímera que, entretanto, está permeada por el movimiento rítmico dado por el encadenamiento "casi" popular de las redondillas menores de los versos de esta estrofa que le ofrecen un "casi" carácter metafísico de verdad: "Era aquilo infância/da razão que aspira:/em suas mãos, argila/em sua voz, Babel."[9] (p. 21). En "Arranha-céu", es la poesía de Lu Menezes que, con su cielo descascarado, denuncia la falacia de esta "*hybris*" que se alegoriza en los versos de Patrícia Lavelle: "O céu, arranhado, verteu/toda sua transcendência/" (p. 23). Se trata de un diálogo con otra escritura contemporánea –la de Lu Menezes– en la cual igualmente se constata el "hueco" de la epopeya del lenguaje en su deseo de llegar al cielo. En "Onde o céu descasca", publicado en un libro homónimo, Lu Menezes interroga: "No interior/da pizzaria pintada de azul com nuvens/um ponto/onde descola a tinta, onde o céu descasca/ denuncia/o sórdido teto anterior/[…] *Genuína companhia…*/ num simulacro de céu, tal ninharia?" (p. 18, 2011).[10] Es esta falta de transcendencia la que hace que el lenguaje operado en estos poemas se presente con extrema auto-ironía – "(e nisso essa primeira pessoa/nem é muito singular)" (p. 27) – retomando fuerza justamente cuando es marcada por un "gusto" del todo especial por transformar la ideas en cosas: "Coleciono metáfora antigas/ faço mitologias micrológicas,/ reciclo toponímias usadas/ […] Assim vou passando de uma coisa-coisa/ a outra e outra coisa/"[11] (p. 27). Este "gusto" por materialidades va construyendo un juego de indeterminación propio del lenguaje figurado sin llegar a producir, sin embargo, nuevos conceptos sobre las cosas con sus figuraciones, como puede observarse en este

---

[9]   *Era aquilo infância / da razão que aspira: / em suas mãos, argila / em sua voz, Babel.*

[10] Lu Menezes, *Onde o céu descasca* (Rio de Janeiro: 7Letras, 2011).

[11] Coleciono metáforas antiguas, / hago micrologías mitológicas, / reciclo toponimias usadas, […] Así voy pasando de una cosa-cosa /a otra y otra cosa.

poema titulado "Poética em retalhos", con el cual cierra la primera parte del libro: "Ruinas".

El libro *Bye bye Babel* está dividido en cinco partes. Se inicia con "Ruínas", seguida de "Palavra híbrida", "Eros & Logos", "Tempos verbais" y "Ecos e vozes". En todas ellas, es posible percibir una tensión –creada por el modo de operar el lenguaje en los poemas– entre lidiar con las abstracciones de la lengua y el deseo de hacerlas operar en un tiempo presente absoluto. Sin la ilusión de alcanzar y "resolver" esta dialéctica, los poemas "apenas" demuestran su "deseo". Esto se hace muy evidente en el poema sin título que abre la segunda parte del libro. Este opera a través de un montaje: se juntan al verso de Gonçalves Dias, emblemático de esta relación entre un constatarse "separado" para siempre de su utópica patria lingüística – "As aves que aqui gorjeiam,/não gorjeiam como lá". – a los siguientes versos: "Heimat é esse lá/exilado/em qualquer/aqui."[12] (p. 31). Además de demostrar con el segundo bloque de versos el carácter apenas indicativo del lenguaje sin cualquier utopía o ilusión de (re)encuentro, el poema opera a través de um montaje; crea, por tanto, un "cuadro" alegórico en que dos fuerzas opuestas entran em lucha. El poema encuentra su fuerza, su concepto y su destino en la tensión entre lo contradictorio, operando, de este modo, como si fuese una alegoría barroca. En "Língua materna", puedo decir, uno de los poemas más bonitos que leí, puede verse lo más impresionante de ver el libro como un todo, nuevamente allí el lector tiene delante de sí este juego barroco alegórico. El poema comienza presentando una imagen concreta de su abstracción mayor: el concepto de historia. Arrojando la ambivalencia de sentido dada por la pronunciación en portugués de la palabra "ouve" –la cual oscila entre los verbos "ouvir" y "haver", respectivamente, en la segunda persona del singular del modo imperativo del verbo "ouvir" y la derivación del verbo "haver" en su forma impersonal en el sentido de existir– el

---

[12] Heimat es ese allá / exiliado / en cualquier / aquí.

poema crea su cuadro de tensiones. Se trata de contrastar dos modos de pensar la historia: uno con la oralidad, fundada en una temporalidad de la escucha, relativa al mito, por tanto, no discursiva ni científica, y otro a partir de los fundamentos de una ciencia del tiempo que se marca por la constatación de los hechos en orden progresivo, es decir, se trata de una temporalidad histórica. De una idea de lengua como patria, envuelta en la pretensión lingüística que ordena la concepción histórica del poema de Gonçalves Dias, se pasa, en "Língua materna", a un conflicto entre lengua como patria y lengua como matria, entre una realidad y una ilusión. En el poema, una madre "narra" a su hijo una historia/o una narración oral de la lengua: un tiempo de melodías, redondillas y rimas, tomado como temporalidad de lengua pura –música ruidosa, múltiple y balbuceante– y otro tiempo que "já veio entremelado/ num outro mais lento, mais longo, sussurrada/ monotonia [..]/"[13] (p. 32) insertada en esta melodía balbuceante e ingenua. Ofrece, así, al concepto de lengua ese carácter doble y, por esto mismo, donador de multiplicidad. *Bye bye Babel* es un libro que produce un movimiento incesante del pensamiento sobre el lenguaje en general, sus presupuestos y usos. A pesar de todo, lo que produce este pensamiento es justamente el uso del lenguaje en sus *facies* más exuberantes y proficuas que es la poesía. El uso que los poemas hacen del lenguaje impresiona por la levedad con la cual lidian con los impases de la lengua. Invierten en el conflicto sonoro entre palabras, destacando fonemas y sus no significados y, a contramano de estos, destacan los otros "sentidos" producidos por estos mismos sonidos. En "Eco", el principio compositivo del poema demuestra cuánto la potencia sonora de la lengua produce una secuencia infinita y un encadenamiento rítmico, tomados allí como productores de lenguaje: "partido de Narciso… 'Ciso, siso?'/E nisso ironizo… é, ironizo. /Quem é

---

[13]   ya vino entremezclado / con otro más lento, más largo, susurrada.

que sonha em prosa? Eco trova."[14] (p. 73). En los últimos años, me he dedicado a investigar poesía escrita por mujeres. Y siempre es muy intrigante observar cuánto de su escritura coloca constantemente en su centro la relación entre mundo y lenguaje, entre arte y realidad. Observo que casi nunca se trata de un trabajo que se "conforma con" el mundo, al contrario, este siempre está intentando "conformarse al" mundo. Es esto lo que *performa* el poema de Patrícia Lavelle "Ítaca": "De mão em mão/teci e desteço/o tecido/da nossa trama"[15] (p. 61). Y como el concepto de mundo es amplio y diverso, como escribió Paula Glenadel en la dedicatória a su libro *Rede* (2014), "Ao mundo, seja lá o que isso for, com meus agradecimentos",[16] esta escritura tiene la potencia de querer crear nuevos mundos. A eso –a esta fuerza– denomino femenino. La poesía brasileña contemporánea ha sido creada y alimentada por varias autoras con este tipo de escritura. Trabajo "fino" con el lenguaje que medita sobre su más potente tarea: la de nominar el mundo y, por tanto, mirarlo como si fuese la primera vez y, con eso, (re)crearlo. Queda aún pensar la lengua con esta ambivalente función de reconocimiento y sorpresa, extrañeza y presencia. La poesía de *Bye bye Babel* no desdeña de la exigencia mayor da poesía contemporánea y, en especial, de aquella escrita por mujeres, vale decir, la de "*rendir cuentas*"[17] de su conciencia de no poder alcanzar la totalización del sentido lingüístico y tampoco una visión general del mundo y de lo humano con sus poemas, pero, asimismo,

---

[14]   partido de Narciso… "¿Ciso, siso?" / Y en eso ironizo… sí, ironizo. / ¿Quién sueña en prosa?, trova el eco.

[15]   De mano en mano / tejí y destejo / el tejido / de nuestra trama.

[16]   Paula Glenadel. *Rede* (Rio de Janeiro: Confraria do Vento, 2014).

[17]   "*Rendir cuentas*": Expressão em espanhol que tem o sentido de produzir um relatório, uma prestação de contas, mas que a utilizo aqui com a ambivência que o termo "render" oferece às línguas neolatinas, produzindo um encadeamento de sentidos entre "render" pensado também como "relatar", "narrar", como "multiplicar", como tecer entre outros elementos do mesmo processo.

genera tentativas de nominar y (re)crear mundos. La orientación a lo precario y la confianza de que en ese lugar el acontecimiento de la poesía puede devenir es una las singularidades que relacionan la poética de Patrícia Lavelle a lo que vengo pensando como "lo femenino" y "lo contemporáneo". Se trata de una búsqueda por otro tipo de relación, entretanto siempre textual, capaz de producir experiencias extra-textuales, en las cuales estén presentes la disposición para la interdependencia entre biología y humanismo (*zoé y bios*) –"Eros & Logos" es el título de la segunda parte de *Bye bye Babel*–, entre ética y escritura, entre sentido y suspensión de la unidad no pensante, entre *mímesis* y mimetismo, entre habla y discurso.

Susana Scramim

■■■

BYE BYE BABEL

Patrícia Lavelle

—

SEM UMBIGO

Esta noite sonhei que tinha dado à luz um bebê sem umbigo. Parturiente sem trabalho de parto, acordei com o eco das palavras do médico que veio me dar esta estranha notícia. Apesar de não ter encontrado cordão umbilical, ele afirmava que o recém-nascido passava bem, tinha boa saúde e era muito belo. Entretanto, deixou-me inquieta, e desejosa de acalentar a criança que não havia alimentado com meu próprio sangue. Este sonho me angustiou bastante até o momento em que reconheci, no semblante do obstetra, os traços de um conhecido tradutor de várias línguas ao português.

–Ah! – diria minha psicanalista.

–Sim, acho que consigo traduzir sozinha a mensagem onírica.

Bye bye Babel teve um parto longo e laborioso. Foram três edições em duas línguas: meu brasileiro materno e o francês maternizado tardiamente, por muitos anos de emigração na França e de escrita translíngue.

Bye bye Babel vem agora ao mundo sem cordão umbilical em duas outras línguas que leio e entendo, mas não escrevo. E que línguas! O espanhol e o inglês, que abarcam meio mundo, e fazem dos meus dois idiomas de escrita línguas menores, minoritárias.

Preciso então recontar a história dessa construção inacabada que já começou dupla, e agora me ultrapassa, múltipla.

Babel. O nome evoca a narrativa bíblica muitas vezes citada e retomada, que gostaria de contar aqui mais uma vez. Nela, uma comunidade teria tentado erigir uma cidade e uma torre capaz de tocar o céu e assim fazer para si mesma um nome que aboliria toda alteridade, inclusive a divina. Tal projeto, fundado na ilusão de uma fala única e unificadora, é a imagem do desejo de uma linguagem suprema, de uma pura linguagem, perfeitamente transparente, confrontando-se à efetiva pluralidade linguística e à relativa opacidade no interior de cada língua. Babel, que figura o desejo da linguagem única é, portanto, também a imagem da confusão linguística que resulta de seu fracasso inevitável.

Desejo de unidade na efetiva pluralidade, Babel não é um conceito do qual eu poderia dar uma definição, também não é exatamente uma metáfora. Trata-se de um motivo ou um tema, que suscitou e atravessa esse conjunto de poemas. Talvez seja também uma alegoria: designa uma coisa e seu contrário, e ainda uma outra coisa, e outra, e outra. Por isso não posso definir Babel – como traduzi-la então, senão contando ainda? E recontando não apenas uma, mas duas histórias.

Traduzir Babel significou também dizer adeus: a duas cidades, a duas línguas, a todo monolinguismo. Das muitas despedidas que marcaram e ainda marcam a minha trajetória, *Bye bye Babel* foi surgindo aos poucos, a partir de 2014. Publicado inicialmente em 2018, o livro foi reeditado em 2021 com mais alguns poemas, depois reescrito em francês e publicado na França em 2023. Neste último processo tradutório invertido, que ocorreu durante os anos pandêmicos, quando estive vivendo novamente em Paris, surgiu toda uma série de poemas novos: eram traduções sem original, escritas diretamente nesta língua que aprendi na juventude, a partir dos vinte anos, e adotei já adulta, durante um longo período anterior de emigração, entre 1999 e 2014.

Essa dupla despedida também tem uma história na qual a prática e a reflexão sobre a tradução desempenham um papel importante. Por volta de 2010, quando ainda morava em Paris, descobri com espanto que não tinha escrito nenhum texto em português durante os dez anos anteriores. E isso embora viesse de publicar um livro bastante volumoso, que correspondia à minha tese de doutorado em filosofia, defendida dois anos antes na École des Hautes Études en Sciences Sociales[1]. Assim, para atender ao pedido de um colega brasileiro, traduzi um artigo em português. A partir daí, comecei a me traduzir, reescrevendo os artigos acadêmicos produzidos inicialmente em francês.

Isso não foi muito fácil no início. Faltavam palavras, faltavam sobretudo formas de ligação, articulações sintáticas. No entanto, não sou bilíngue desde a infância, o francês é uma língua que aprendi na juventude e só se tornou minha língua de escrita quando uma outra língua, ainda mais estrangeira e tardia, veio instalar essa babel: o alemão, que precisei aprender em francês. Sobre esse nó, que é também uma cicatriz e uma tradução para Babel, escrevi o poema "Palavra estrangeira".

O francês é uma língua átona. As frases ganham alguma tonicidade apenas com as pausas, num movimento ligeiramente ascendente logo antes da parada, mas não há tônicas marcadas nas palavras. Nisso, a língua francesa é mais distante do português do que o alemão (ou o inglês); sua monotonia alterou e ainda altera meus gestos, postura corporal, tom de voz. Os poemas "Língua materna" e "Traduzida" evocam esta experiência corpórea que outras pessoas também relatam a propósito desta e de outras línguas adquiridas

Escrevi poemas na infância, mas o projeto de uma escrita poética madura veio dos processos de auto tradução. Este projeto poético surgiu no estranhamento da língua materna, e sem dúvida da nostalgia de seu ritmo. E trouxe uma intimidade com

1   *Religion et histoire : sur le concept d'expérience chez Walter Benjamin* (Paris : Cerf (« Passages »), 2008).

a materialidade do português brasileiro, com as tonalidades afetivas de seus acervos rítmicos que eu até então desconhecia. Isso incluiu o estudo dos arquivos métricos, das formas tradicionais de versificação, nas quais se sedimentam afetos. Com a escrita poética, fui desenvolvendo uma consciência sensível e sensual do material linguístico. Essa experiência corresponde, assim, a uma erotização da linguagem que se aparenta ao Eros da tradução.

Duplamente traduzida – ao espanhol por Jesús Montoya e ao inglês por Arthur Dixon – essa Babel cresce e se multiplica em outros ritmos e afetos. A torre aqui se reconstrói (e se desloca) a partir da segunda edição brasileira. Como uma arca, que é também barco, ela transporta outras relações entre línguas que tenho o prazer de encontrar (e de descobrir) agora na leitura.

...

BYE BYE BABEL

Patrícia Lavelle

—

para
Marc

"... se tivéssemos a intenção de construir uma torre capaz de alcançar o céu, a provisão de materiais mal chegaria para uma casa de habitação, suficientemente espaçosa para o nosso propósito no plano da experiência, e bastante alta para nos permitir abarcá-la com o olhar, e assim, este empreendimento audacioso não poderia deixar de fracassar por falta de material – sem contar com a confusão das línguas que inevitavelmente dividiria os operários quanto ao plano a seguir e os dispersaria por todo o mundo, cada qual com o seu projeto."

KANT, *Crítica da razão pura*

RUÍNAS

EPOPEIA *IN NUCE*

Quem me dera Nereida ou Nixe
Silenciosa Sereia ou Beatriz,
quisera numa só palavra
do único verso,
      Sherazade.

ESPECTRO LÍRICO

Procura-se palavra para dizer a cor daquele instante
em que o amor foi eterno e a morte
cansada
pediu-lhe trégua. Procura-se tal

palavra pra apagar vestígios
do tempo nos corpos dos amantes
traçar arcos na íris dos relógios
e fazer próximo o que está distante.

Procura-se uma palavra bem nuvem:
que ela seja pássaro, ideia e centauro
que seja única e múltipla, vaivém.

Procuro, na sintaxe, esse seu avesso
e em preto e branco enfim (quase) restauro
o espectro colorido do soneto.

ARCA DE BABEL

Era uma vez duas histórias:
a cidade em construção
era este barco à deriva.

Nele, as línguas, enroscadas,
pares híbridos e férteis,
cresciam e multiplicavam-se.

Um abarcar, muitas arcas:
esta cidade à deriva
é balbúrdia e tradução.

DUAS FONTES

para Josely Vianna Baptista

Diz um canto Mbyá-Guarani
que no princípio divino de tudo
as fontes futuras da fala e do afeto
afloraram juntas

Nessas águas misturadas
as palavras devem ter fluído
desde sempre em vários rios

Em cada leito
ainda hoje um afluente
se forma e transforma

Nos fluxos deste curso
eu e você
elas eles ou nós
pensamos
e dizemos
o que pensamos
— inventando
nesse ritmo
modos de dizer
de pensar

e de sentir

As línguas fluidas, nisso que múltiplas,
em torrentes
divergem derivam
em todas, a suprema.

Além dessa
que você conhece
e pensa que é única

nesse imenso território
há várias outras vozes:

são cento e cinquenta e quatro

Tupi, Macro-Jê, Karib e Pano
são grandes famílias linguísticas

Kanoê, Tikuna, Máku, línguas únicas,
que não se assemelham a nenhuma outra

Cento e cinquenta e quatro línguas vivem, ainda
mas foram quase mil, as falas dos que aqui viviam
antes que o português inventasse o Brasil

UTOPIA DE BARRO

"Água, areia
areia e terra
lama e liga
liga-argila".

As crianças na praia,
numa praia de rio,
brincavam na lama.

"Argila em tijolos
tijolos em pilhas.
Meninos empilham
em torres e torres.
Meninas empilham
em vozes e vozes".

Sem projeto ou plano
empilhando, inventam
"uma grande torre!"
Inventando, aspiram:
"Uma só pra todos!"
"Uma só, até o céu!"

Era aquilo infância
da razão que aspira:
em suas mãos, argila
em sua voz, Babel.

A TORRE

Embora seus alicerces
sejam um tanto incertos,
com geometria conceitual
e argamassa sistemática
a torre é bem construída:
tijolo sobre tijolo,
segue um plano racional.
Mas quando a palavra quer
tocar o céu,
torna-se escasso
o material.
No alto a densidade
demonstrativa
do concreto
é fraca.
Em nuvens convergem as palavras fundamentais
e em neblina metafórica divergem
os planos ideais de construção:
línguas metafísicas se dispersam.
Aqui luz
é pedra
e
a verdade
mais pura,
pois afinal esse topo
é a base que faltava:
poesia, essa pedra mais dura.

HEIMAT

abolibi belo
nanani nanã
balbô olodum capibaribe
to be tupã tupi
haicai bye bye

Balbucio
o cio
e a *hybris*
da palavra:
Babel.

E retorno ainda à mátria
à amada,
à idolatrada,
solo e sangue da pura língua:
a primeira e única, que era toda minha,
e queria ser de todo mundo.

Mas nesta viagem marítima
naufrago entre muitas Ítacas
longe de qualquer Pasárgada
numa longa estrada de Sintra.

POÉTICA EM RETALHOS

Escrevo com restos e ruínas
(e nisso essa primeira pessoa
nem é muito singular).

Coleciono metáforas antigas,
faço mitologias micrológicas,
reciclo toponímias usadas,
e falo disto para dizer aquilo
e digo aquilo para falar disto.

Assim vou passando de uma coisa-coisa
a outra e outra coisa
mais rarefeita e sempre dupla
que fica me olhando de volta
quando olho para ela.

Tenho naufragado muitas vezes
e já estou de novo embarcada.

Fazendo meus, versos alheios
fazendo meus versos, alheios
vou recolhendo destroços
de outros tantos naufrágios.

PALAVRA HÍBRIDA

"As aves, que aqui gorjeiam,
não gorjeiam como lá".

Heimat é esse lá
exilado
em qualquer
aqui.

LÍNGUA MATERNA

para Gabriel

Ouve, meu filho, um tempo:
a língua era uma só
melodia
em redondilhas ingênuas
rimas minúsculas
e naturais
como passarinho em lata
de leite ninho

A língua, pura como água
em leite maternizado,
era
uma
única
imensa infância

Mas no leite vivo do meu peito
enriquecido
com variados nutrientes
esse ritmo
já veio entremelado
num outro mais lento, mais longo, sussurrada
monotonia, em doze doses, uniformes

Por isso o sabor da sua língua
foi sempre duplo,
maternelles, foram as suas primeiras letras,
mas múltipla de nascença, é sua infância.

LEÃO-MARINHO

Entre les vagues, il vogue:
vem, vai, voa
mergulha e flutua.

Híbrido animal,
peixe-fera, sereia-mãe
quimera.

Tão contrária a si,
entre mar e terra
híbrida palavra.

HYBRIS

O postulado e o seu oposto:
pureza híbrida
o metro e o amorfo
o excesso e o *assez*.

Tudo isso e o ritmo
ainda *et encore*.

MATRIOSCHKA

para minha mãe

Tenho tantos começos, nenhum fim;
por dentro múltipla, contenho um a
berto que se abre sobre um outro a
briu: mais um logo dois, mais outro e

por dentro de entranha sob entranha
o núcleo recôndito e inteiro

sumiu

DANS LA LANGUE À TOI (VARIAÇÕES)[2]

1.

J'écris
avec peu
dans ta langue
je suis
très peu

Escrevo
com pouco
na língua
sou sempre
bem pouco

(e a língua
nem sempre
é minha)

2.

Ici
s'inscrit
la pensée
d'un là-bas

---

[2]   Este poema foi inicialmente escrito e reescrito pela autora em francês
e em português, num processo de variação que se oferece como mote
às recriações em espanhol e em inglês. Esta incitação à variação tra-
dutiva permanece aberta, e pode incluir ainda outras línguas.

Aqui se inscreve
um pensar
em lá

3.

J'écris
je m'inscris
ici là
dans la langue
à toi – à
toi, je dis
et j'attends
maintenant
dérivant
entre les rives
des rimes

Escrevo
me inscrevo
aqui lá
na língua
também
tua –
tua, digo
e agora
espero
é a hora

da rima

4.

On se noie
dans ta langue
facile à dire
facile (à vrai dire)
ta langue
se plie à la rime
mais elle se moque
du chant

5.

J'écris
je m'inscris
à toi dans la
houle
dans le
vague
de ta langue

Me inscrevo
e traduzo
nas
vagas
da minha
língua
di
vago
e a faço
afago,
tua

PALAVRA ESTRANGEIRA

Entre palavras e coisas,
há sempre alguma distância:
na palavra, a coisa é outra
na coisa, a palavra nem é.
Mas essa coisa sonora,
que a palavra é também,
é uma forma de armadilha
pra pegar uma outra coisa.

Presa em palavra estrangeira,
uma coisa é ainda mais outra
menos diversa dela mesma
que do meu próprio silêncio.

Mas a palavra estrangeira
que tardiamente apreendi
em prévia palavra estrangeira
torna-se coisa ainda mais diversa
prendendo-me assim à primeira.

Coisa apreendida no tempo,
toda palavra é armadilha
onde eu, ela ou isto
(a coisa pensante = X)
capturada, captura-se:
toda palavra é estrangeira.

O TRADUTOR

O corpo contorce
um gesto sem
som
esboça ritmos
em movimento arrítmico
dos lábios

Entre duas tramas
(fonemas
palavras
sintagmas
sintaxes
sentidos
entre parêntesis)

um hiato:
cesura a-semântica
intervalo

e salto

TRADUÇÃO

Rede prenha de peixes
traz consigo o mar
meio vivo meio morto.

Línguas múltiplas
entre escamas e arestas
comunicam-se em silêncio.

TRADUZIDA

A língua do tradutor invade a minha boca
e lúbrica aliso a plástica muscular
de suas vogais macias
e essa reta ligeiramente ascendente
de cada frase sua
penetra
o elástico rítmico das minhas sílabas
em duplo silêncio
gozo
o eco nessa outra voz
langueur monotone
dentro.

EROS & LOGOS

DIÁLOGO

Senti teu olhar endurecer
entre as minhas
palavras:
intumescência imediata
naquela fenda
obscura
entre o corpo e o discurso.

ÁRVORE (I)

De repente foi primavera naquele outono
um só instante entre o dito e o feito.

Tua fala entrou em mim
como um poema:
tradução daquele lugar nenhum
ou de algum lugar comum
em teu idioma longínquo?

C'était trop tôt, c'était trop tard.
It was too soon it was too late.
Es war zu früh aber schon zu spät.

Entre línguas, todas estrangeiras,
o não dito fez a árvore.

Hamadríade ou sátiro?
Adão e Eva?
Fruto proibido?
Visão do paraíso?
Pau-Brasil?

Tua árvore, na fotografia,
veio com uma explicação:

Rio :-)

O verbo involuntário sorriu
irônico no nome

E lentamente foi inverno sem ter sido verão.

NOME

Teu nome é onde o Sena deságua na Guanabara:
a mais perfeita bolha de sabão,
uma armadilha para capturar o tempo.

Líquido precioso,
teu nome de fidalgo
é lago e correnteza.

Fluxo e represa,
ele conta a vitória
daquele tempo
que se instala
aqui e agora
na hora de amar.

Neste leito um fio d'água espreita
entre ferrugens e reminiscências
a eternidade cristalina do gozo.

Mas seu círculo mágico
que o meu corpo abarca
é a cabana e o castelo
onde *kairós* vence Cronos.

A LÍNGUA, EM FLOR

Na rosa ainda virgem da língua
escorre, líquida, entre dentes e dedos
o agora-outrora de uma palavra:
aquela que não se diz.

Primeira flor lasciva, inculta e bela!

A origem obscena da canção
é você, falso Ulisses, náufrago de piscina, quem escuta
e indiferente ao esquema nascente do poema
retorna
duro em mim.

Bruta flor da língua, bárbara e nossa!

Origem e ocaso, a ocasião
e o acaso
do poema.

ALEGORIA (I)

Chama-se "Lenço de Desdêmona"
e é sem dúvida muito primitiva:
mero contorno quase sem cor,
membrana iridescente e flexível,
fronteira tênue entre água inerte
e alguma alternância de prazer e dor.

Mas o contato de sua inocência
provoca, disseram,
inexplicáveis úlceras de Jó.

Imerecido castigo do justo,
a anêmona queima:
boca de Carmen, olho de Medusa.

E numa passagem a outro gênero:
metáfora em metamorfose
do meu desejo que muda
ao teu ciúme que dói.

ALEGORIA (II)

Segundo a enciclopédia Britânica, as anêmonas-do-mar parecem flores, mas na verdade são animais. Suas 'pétalas' são como braços, chamados de tentáculos. Eles circundam a boca. Seu corpo é mole, e pode ser curto e grosso ou longo e delgado. A maior parte dele é composta por água. As anêmonas-do-mar são parentes das medusas ou das águas vivas. Assim como as medusas, elas também secretam uma substância na pele da pessoa que as toca. Podem então causar dor ou provocar mal-estar.

CANTIGA DE AMIGA

Não não há, meu amor,
uma gota de sangue em cada poema
nas veias do poeta corre um fluido azul
de caneta-bic.

Não não há, meu amor,
uma gota de esperma em cada poema
o gozo do poeta, puro e líquido,
é negro nanquim.

Não não há, meu amor,
uma gota de tinta em cada poema
da pluma do poeta pinga, incolor,
um pensamento:

esse
aqui.

TEMPOS VERVAIS

KAIRÓS

quando teu sopro se instala

no instante

dilatação desse instante

no quando

o tempo   numa   bolha   de   sabão

CRONOS

As horas que do espelho te devoram
                desfilam fiando fino fio contínuo
no tecido do rosto em teias capturam
                o mistério do vivo em torno do olho

ÍTACA

De mão em mão
teci e desteço
o tecido
da nossa trama.

De fala em fala
tracei e traduzo
a babel
em nossa língua.

De corpo em corpo
reencontro
teu rosto
sem retorno.

CALIPSO

Quando ele aqui naufragou
ressacas arcaicas
refluindo
num agora de espumas
arrastaram
reminiscências do que não foi.

Anunciavam aquele outro passado
intacto
na redoma cristalina
que há muito tempo já se rompera.

Foi então preciso voltar imediatamente para casa.
Era impossível ficar naquele futuro
agora mais-que-pretérito.

UM SONHO

Um campo imenso e muito verde, um ver
de borboletas múltiplas
ao capturá-las vejo
desperta
que eram bolhas de sabão
e se desfizeram no ar.

UMA LEMBRANÇA

Sopro congelado
em bolha de cristal:

era vidro
e não se quebrou
era doce
e não se acabou
era rosa
e nunca murchou.

NATAL

A cada ano
uma ou duas bolas de vidro
acabavam em cacos
em torno da árvore iluminada.
Sacrifício consentido
à passagem progressiva dos anos
e à vida nos gestos
do menino.

Este ano nenhuma vai ser quebrada.
Ficarão fechadas em caixas
perdidas num porão escuro
entre tantas casas
que não foram minhas.

O esquecido se cristaliza
em torno dos cacos suspensos
formando uma estranha xícara
taça transparente e amarga
em que bebo agora
num gole
todos os anos perdidos.

ANO NOVO

Horizonte imenso de uma costa
Nórdica e inóspita.

Rumor de vagas na fotografia
E germinação luminosa.

— Vai, meu filho, jogar flores ao mar.

TARDA

Era uma vez uma tarde.

(Isso tem muito muito tempo,
foi no ano sem graça de 2013,
isso foi em agosto, mês de desgosto.)

Lá longe bem longe,
lá onde a cidade azula no horizonte,
atardou-se uma vez
uma tarde.

(Isso foi no tempo da ira semear,
isso foi na revolta dos três vinténs,
isso foi na hora de atirar nos relógios.)

Entre tantos,
atravessamos a tarde
tardando
na barca sobre a baía.

(Depois disso muita coisa mudou,
e a coisa pública ficou pior.)

Mas essa tarde tarda ainda:
virgem dos lábios de mel
e dos cabelos mais negros
do que as asas da graúna.

O FIO DA MEADA

Ato e desato

        o laço

entre som e signo

adio o sentido

na trama:

intriga
enigma

CHARADA

Canta a morte.
Engana.
Conta a vida.
Encanta.

Seria Sereia?
Esfinge já era.

Matou
a Sherazade?

METÁFORA

Suspenso o significado
a palavra espera
aberta
numa frase estranha,
brecha de onde o sentido
se projeta.

No abismo da imagem
o verbo é vertigem.

ECOS & VOZES

ECO

a Paulo Henriques Britto

Nem sempre corresponde. "Responde onde?"
Pondera, repetindo. "Repetindo?"
Responde, repetindo lindo lindo
o eco à minha última palavra.

A lavra de ouro, essa palavra em larva...
"A lavra em larva?" Metáfora parva.
Imagem sonora em caricatura?
Cacofonia numa bela figura?

Figura bela "belabel a bel"
em eco invertida: abel, babel.
Vertida essa vertigem em espelho

partido de Narciso... "Ciso, siso?"
E nisso ironizo... é, ironizo.
Quem é que sonha em prosa? Eco trova.

AUTREMENT

ecos do dia
num caleidoscópio
movem-se lentas larvas
entre palavras e coisas

In other words:
ninguém sonha em prosa.

O CORPO E A VOZ

Na sucessão de gestos matinais
uma involuntária contração
no músculo do braço
esquerdo

distrai minha atenção

Entre o corpo que ele é
e o corpo que ele tem,
um vaivém
move membros e coisas

Tensão que se traduz
no timbre grave da voz

Entre a palavra que ele é
e as línguas que ele fala
uma só voz
vem e vai.

ÁRVORE (II)

L'arbre rêve d'être ruisseau

P. VALÉRY

Sob a árvore, fluxo e refluxo
tagarela de galhos e folhas
o ritmo puro nas ramagens
sussurra palavras ausentes.

Versos ao vento
o verbo inumano
interroga, interroga-se:

– Será que será que serei?

Sereia,
a árvore queria ser riacho.

VARAL

Farrapos suspensos
em arrabaldes baldios:
fios de alta tensão

Uns restos de mito
estendidos
no quintal das palavras

Com qualquer fio desses
ela faz
(refez)
um tecido.

VOZ

Projetando distâncias reflexivas,
essa voz é eco e ruína:
espelha-se
arcaica
em terceira pessoa;
de fora pra dentro
minha.

ECOS DO FUTURO

I

Imagine que sou estrangeiro
conheço algumas línguas vivas
estudei línguas mortas
mas não sei dizer quase nada em português.

Imagine que acordei cedo e passei a madrugada traduzindo
Nietzsche
na minha própria língua (que não é esta em que você agora
lê).

Agora imagine que saí de manhã para comprar pão
(estou triste porque a mulher que amo talvez me
deixe).

Imagine que me apoio um instante na balaustrada da Glória
(ali mesmo onde à noite travestis fazem ponto)
e na estreita amurada cinza leio em letras brancas:

"O futuro é feminino".

Tente então imaginar
ecoando em meu pensamento como um oráculo
obscuro
a voz surrealista
e nela um eco mais longínquo:
Das Ewig-Weibliche
zieht uns hinan.

II

Imagine que meses depois, de volta ao Rio,
estou caminhando com a mulher
e passo de novo no mesmo lugar:
a inscrição ainda está ali
um pouco apagada
mas ainda bem visível.

Imagine então que conto esta história pra ela.

(Agora espero que você já esteja imaginando que ela
sou eu).

POESIA PURA

lendo Orides Fontela

Aproximo perigosamente, o fim da linha.

Depois da tônica tensa, o abismo
do corte:

uma
só
sílaba
saturando
o silêncio.

Depois dela, melhor ler um pouco de prosa.

SALVE, SALVE, POESIA

O livro de poemas *Bye bye Babel*, de Patrícia Lavelle, já no seu título, traz ao leitor a lembrança de dois filmes emblemáticos tanto para brasileiros quanto para franceses, *Bye bye Brasil* (1979), de Cacá Diegues, e *Adieu au langage* (2014), de Jean-Luc Godard. Filmes esses que construíram, cada um a seu tempo, imagens da origem, da diversidade e do declínio. O título do livro faz presente em nosso pensamento um tipo de problema criado por falha de comunicação que acarretará uma perda do sentido. As primeiras imagens levam-me à ideia de que a linguagem falhou e falha, porém, ainda, tentará não falhar. Seguindo-se propriamente à leitura dos poemas, organizados em blocos cuja imagem mais forte é a do desaparecimento, outra sensação me invade. Parece que estou diante de poemas cuja temporalidade está marcada por uma metamorfose que, simultaneamente e paradoxalmente, é mitológica e histórica. Penso: o leitor vai precisar lidar com a força dessa aporia, ou seja, tem que lidar com o *vir-a-ser* e o declinar da linguagem como força que se erige. Refiro-me ao verbo erigir, porque se trata tanto de uma construção da parte do texto que se lê, quanto da leitura que se opera; tanto da construção da torre de Babel, quanto da poesia que "vem" a qual se constrói somente quando liberada, após a destruição da torre. A destruição da torre é sintoma de algo que deseja manter uma distância "segura" do "mito", não necessariamente apagá-lo, mas mantê-lo ali para que se aprenda a lidar com sua "presença". A partir disso, a ideia da destruição da torre, operada no livro *Bye bye Babel*, funciona muito bem para a liberdade que o poema quer alcançar fora do espaço circular e fechado do mito. Walter Benjamin, em seu estudo sobre o *Trauerspiel*, ressaltou que a força das lendas heroicas sobre o universo e a divindade foi retomada nos dramas barrocos de modo profano, ou seja, estavam esvaziadas de sua força mitológica e sagrada, no entanto, estavam ali como "forma". A epopeia deixa de ser utilizada como forma de uma história da natureza e passa a ter a função alegórica na obra barroca. Alegoria e epopeia acabam, a partir disso, adquirindo afinidades culturais muito importantes para a arte moderna. [3]

A torre que o leitor tem a sua frente no livro de Patrícia Lavelle é a imagem da ruína. Não há ilusão alguma de que o desejo de recuperar a língua pura – o título do último poema, dedicado à Orides, é "Poesia pura" – seja algo passível de ser realizado. Jean-Luc Nancy, em "Poème de l'adieu au poème: Bailly",[4] já se referia a um gesto de despedir-se que, simultaneamente, é um adeus e uma saudação; uma saudação a uma nova poesia que se encena no "*l' adieu*". No livro *Bye bye Babel*, o que impele a linguagem a seguir em frente é um tipo de *hybris* do poetar que motiva a tarefa do (im)possível como se fosse uma épica, porém, sabe-se, desde o começo, que esta é e está oca. Instaura-se um tipo de "jogo" de ocupação de lugares entre os tempos mitológico e histórico. Isso fica bastante evidente nos poemas "Kairós", "Cronos", "Ítaca", "Fio da meada" e "Uma lembrança", como se pode observar nos versos deste último: "Sopro congelado/em bolha de cristal:/ era vidro/e não se quebrou/era doce/ e não se acabou/era rosa/e nunca murchou" (p. 64).

---

[3] Cf. Walter Benjamin. *Origem do drama barroco alemão*, trad. Sérgio Paulo Rouanet. São Paulo Brasiliense, 1984, p. 189.

[4] Cf. Jean-Luc Nancy: Poème de l'adieu au poème: Bailly, *Po&sie*, no. 89 (1999): 59–63.

Antes, já na epígrafe ao livro, reforça-se, com Immanuel Kant, que não há possibilidade plausível de êxito em todas as tentativas da (re)construção da torre. Contudo, a linguagem irá novamente tentar, ela se caracteriza por esse querer-ter-lugar – na compreensão de Giorgio Agamben.[5] Esse seu querer recobra forças para agir, constatando suas ruínas. A mais emblemática ruína do mundo histórico torna-se o motivo do primeiro poema do livro de Patrícia Lavelle: a epopeia, pensada a partir do que restou dela, "*in nuce*". O poema, em seu "quadro" sintético de tensões, opera mediante a imagem das fantasmagorias das heroínas épicas: Nereidas, Nixes, ou apenas, Sereias e Beatrizes, que se reúnem na figura autoral de Sherazade. Logo em seguida, outra ruína, essa, no entanto, menos problemática em relação à sua discrepância com o mundo histórico, aparecendo, contudo, também sob a forma de fantasmagoria, é o motivo do segundo poema do livro: o "espectro lírico". Novamente sob a forma da alegoria, o poema opera o arranjo de um "quadro" sintético de tensões: o do não ter mais lugar – o poema é um soneto – querendo ainda têlo, sobrevivendo, retornando, desse modo, como espectro. As imagens de origem e destruição e de destruição como origen vão se multiplicando nos poemas ao modo de imagens dialéticas: o leitor passa pela "arca" – no poema "Arca de Babel" – como imagem do barco à deriva e também como origem da deriva: "Nele, as línguas, enroscadas,/ pares híbridos e férteis, cresciam e multiplicavam-se./"(p. 17). Passa-se também pela imagem do barro – no poema "Utopia de Barro" – como terreno fértil para uma construção efêmera que, entretanto, está permeada pelo movimento rítmico dado pelo encadeamento "quase" popular das redondilhas menores dos versos dessa estrofe que lhe oferecem um "quase" caráter metafísico da verdade: "Era aquilo infância/da razão que aspira:/em suas mãos, argila/em sua voz, Babel." (p. 21).

---

[5] Cf. Giorgio Agamben. *A linguagem e a morte: Um seminário sobre o lugar da negatividade*, tradução Henrique Burigo. Belo Horizonte: Ed. UFMG, 2006.

Em "Arranha-céu", é a poesia de Lu Menezes que, com seu céu descascado, denuncia a falácia dessa *"hybris"* que se alegoriza nos versos de Patrícia Lavelle: "O céu, arranhado, verteu/toda sua transcendência/" (p. 23). Trata-se de um diálogo com outra escrita contemporânea – a de Lu Menezes – na qual igualmente se constata o "oco" da epopeia da linguagem em seu desejo de chegar ao céu. Em "Onde o céu descasca", publicado em livro homônimo, Lu Menezes interroga: "No interior/da pizzaria pintada de azul com nuvens/um ponto/onde descola a tinta, onde o céu descasca/ denuncia/o sórdido teto anterior/[...] *Genuína companhia.../* num simulacro de céu, tal ninharia? " (p. 18, 2011).[6] É essa falta da transcendência que faz com que essa linguagem operada nesses poemas apresente-se com extrema autoironia – "(e nisso essa primeira pessoa/nem é muito singular)./" (p. 27) – retomando força justamente quando marcada por um "gosto" todo especial por transformar idealidades em coisas: "Coleciono metáfora antigas/ faço mitologias micrológicas,/ reciclo toponímias usadas/ [...] Assim vou passando de uma coisa-coisa/ a outra e outra coisa/" (p. 27). Esse "gosto" por materialidades vai construindo um jogo de indeterminação próprio da linguagem figurada sem, no entanto, produzir novos conceitos sobre as coisas com suas figurações, como pude observar nesse poema intitulado "Poética em retalhos", com o qual se encerra a primeira parte do livro: "Ruínas".

O livro *Bye bye Babel* está dividido em cinco partes. Inicia-se com "Ruínas", seguida de "Palavra híbrida", "Eros & Logos", "Tempos verbais" e "Ecos e vozes". Em todas elas, é possível perceber uma tensão – criada pelo modo de operar a linguagem nos poemas – entre lidar com as abstrações da língua e o desejo de fazê-las operar num tempo presente absoluto. Sem a ilusão de alcançar e "resolver" essa dialética, os poemas "apenas" demonstram seu "desejo". Isso fica muito evidente no poema sem título que abre a segunda parte do livro. Ele opera por

---

6   Lu Menezes, *Onde o céu descasca* (Rio de Janeiro: 7Letras, 2011).

montagem: junta-se ao verso de Gonçalves Dias, emblemático dessa relação entre um constatar-se "separado" para sempre de sua utópica pátria linguística – "As aves que aqui gorjeiam,/não gorjeiam como lá". – aos seguintes versos: "Heimat é esse lá/exilado/em qualquer/aqui." (p. 31). Além de demonstrar com o segundo bloco de versos o caráter apenas indicativo da linguagem sem qualquer utopia ou ilusão de (re)encontro, o poema opera por montagem; cria, portanto, um "quadro" alegórico em que duas forças opostas entram em luta. O poema encontra sua força, seu conceito e seu destino na tensão entre os contraditórios, operando desse modo como se fosse uma alegoria barroca. Em "Língua materna", diga-se, um dos poemas mais bonitos que li e o mais impressionante do livro como um todo, novamente o leitor tem diante de si esse jogo barroco alegórico. O poema começa apresentando uma imagem concreta de sua abstração maior: o conceito de história. Jogando com a ambivalência de sentido dada pela pronúncia em português da palavra "ouve" – a qual oscila entre os verbos ouvir e haver, respectivamente, na segunda pessoa do singular do modo imperativo do verbo ouvir e a derivação do verbo haver em sua forma impessoal no sentido de existir – o poema cria o seu quadro de tensões. Trata-se de contrastar dois modos de pensar a história: um com a oralidade, fundada em uma temporalidade da escuta, relativa ao mito, portanto, não discursiva nem científica, e outro a partir dos fundamentos de uma ciência do tempo que se marca pela constatação dos fatos em ordenamento progressivo, ou seja, trata-se de uma temporalidade histórica. De uma ideia de língua como pátria, envolvida na pretensão linguística que ordena a concepção histórica do poema de Gonçalves Dias, passa-se, no "Língua materna", a um confronto entre língua como pátria e língua como mátria, entre uma realidade e uma ilusão. No poema, uma mãe "narra" a seu filho uma história/ estória da língua: um tempo de melodias, redondilhas e rimas, tomado como temporalidade da língua pura – musiquinha ruidosa, múltipla e balbuciante – e outro tempo que "já veio entremelado/

num outro mais lento, mais longo, sussurrada/ monotonia [..]/"
(p. 32) inserida nessa melodia balbuciante e ingênua. Oferece,
assim, ao conceito de língua esse caráter duplo e, por isso
mesmo, doador de multiplicidade. *Bye bye Babel* é um livro que
produz um movimento incessante do pensamento sobre a lin-
guagem em geral, seus pressupostos e usos. Contudo, o que pro-
duz esse pensamento é justamente o uso da linguagem na sua
facies mais exuberante e profícua que é a poesia. O uso que os
poemas fazem da linguagem impressiona pela leveza com a
qual lidam com os impasses da língua. Investem no confronto
sonoro entre palavras, destacando fonemas e seus não significa-
dos e, na contramão destes, destacam os outros "sentidos" pro-
duzidos por esses mesmos sons. Em "Eco", o princípio
compositivo do poema demonstra o quanto a potência sonora da
língua produz uma sequência infinita e um encadeamento rít-
mico, tomados ali como produtores da linguagem: "partido de
Narciso… 'Ciso, siso?'/E nisso ironizo… é, ironizo. /Quem é
que sonha em prosa? Eco trova." (p. 73) Nos últimos anos, tenho
me dedicado à pesquisa com poesia escrita por mulheres. É sem-
pre muito instigante observar o quanto essa escrita coloca con-
stantemente em xeque a relação entre mundo e linguagem, entre
arte e realidade. Observo que quase nunca se trata de um tra-
balho que se "conforma com" o mundo, ao contrário, ele sempre
está a tentar se "conformar ao" mundo. É isso que *performa* o
poema de Patrícia Lavelle "Ítaca": "De mão em mão/teci e
desteço/o tecido/da nossa trama" (p. 61). E como o conceito de
mundo é amplo e diverso, como escreveu Paula Glenadel na
dedicatória ao seu livro *Rede* (2014), "Ao mundo, seja lá o que isso
for, com meus agradecimentos",[7] essa escrita tem a potência de
querer criar novos mundos. A isso – a essa força – denomino fem-
inino. A poesia brasileira contemporânea tem sido criada e ali-
mentada por várias autoras com esse tipo de escrita. Trabalho
"fino" com a linguagem que medita sobre sua mais potente

---

[7] Paula Glenadel. *Rede* (Rio de Janeiro: Confraria do Vento, 2014).

tarefa: a de nomear o mundo e, portanto, olhar para ele como se fosse a primeira vez e, com isso, (re)criá-lo. Ainda: pensar a língua com essa ambivalente função de reconhecimento e surpresa, estranheza e presença. A poesia de *Bye bye Babel* não desdenha da exigência maior da poesia contemporânea e, em especial, daquela escrita por mulheres, vale dizer, a de *"rendir cuentas"*[8] de sua consciência de não poder alcançar à totalização do sentido linguístico e tampouco a uma visão geral do mundo e do humano com seus poemas, mas, assim mesmo, investe em tentativas de nomear e (re)criar mundos. A orientação ao precário e a confiança de que nesse lugar o acontecimento da poesia pode advir é uma das singularidades que relacionam a poética de Patrícia Lavelle ao que venho pensando como "o feminino" e "o contemporâneo". Trata-se de uma busca por outro tipo de relação, entretanto sempre textual, capaz de produzir experiências extra textuais, nas quais estejam presentes a disposição para a interdependencia entre biologia e humanismo (*zoé y bios*) – "Eros & Logos" é o título da segunda parte de *Bye bye Babel* –, entre ética e escrita, entre sentido e suspensão da unidade não pensante, entre *mimesis* e mimetismo, entre fala e discurso.

Susana Scramim

---

8   *"Rendir cuentas"*: Expressão em espanhol que tem o sentido de produzir um relatório, uma prestação de contas, mas que a utilizo aqui com a ambivalência que o termo "render" oferece às línguas neolatinas, produzindo um encadeamento de sentidos entre "render" pensado também como "relatar", "narrar", como "multiplicar", como tecer entre outros elementos do mesmo processo.

INDEX

BYE BYE BABEL | PATRÍCIA LAVELLE

Made in Miami Beach ~ Printing as needed

◊◊◊

2025

www.ingramcontent.com/pod-product-compliance
Lightning Source LLC
Chambersburg PA
CBHW020151090426
42734CB00008B/785